RECHERCHES

SUR L'HISTOIRE

DE LA

PEINTURE SUR ÉMAIL.

Paris. — Imprimerie de RIGNOUX, rue des Francs-Bourgeois-Saint-Michel, 8.

RECHERCHES

SUR L'HISTOIRE

DE LA

PEINTURE SUR ÉMAIL

DANS LES TEMPS ANCIENS ET MODERNES,

ET

SPÉCIALEMENT EN FRANCE;

PAR L. DUSSIEUX.

Ce Mémoire a obtenu une mention honorable à l'Institut (Académie des inscriptions et belles-lettres) en 1841.

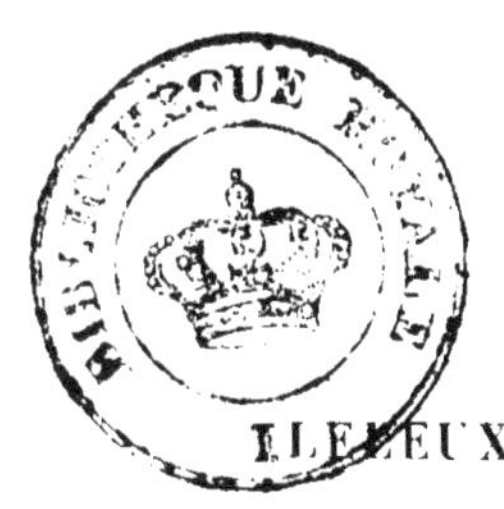

PARIS.

LELEUX, LIBRAIRE-ÉDITEUR,

RUE PIERRE SARRAZIN, 9.

1841

PRÉFACE.

L'histoire de la peinture sur émail présente une suite de faits très-intéressants, mais, en général, très-mal connus. On ne sait presque rien sur la plupart des artistes célèbres qui se sont voués à la culture de cette branche de l'art : un nom et une date inscrits sur l'une de leurs productions sont souvent les seuls renseignements que l'on puisse se procurer. On trouve bien quelques faits dans les livres, mais ce sont des faits isolés, souvent faux, et toujours écrits loin des monuments. La tâche était donc difficile, et après quatre ans de recherches assidues, je ne puis présenter à l'Académie qu'un travail encore très-imparfait et dans lequel il reste bien des incertitudes et bien des lacunes.

Les principaux ouvrages que j'ai consultés sont les *Encyclopédies* de Diderot, de Courtin, *des gens du monde;* le *Dictionnaire de la conversation,* au mot ÉMAIL ; les biographies, aux articles des artistes émailleurs; divers écrits de Millin et de Lenoir ; l'excellente *Histoire de la peinture,* par Em. David; le texte des *Monuments français* de Willemin, par M. Pottier, ouvrage plein d'érudition et de sagacité ; l'*Histoire des Français* de Monteil ; le Glossaire de Ducange, aux mots SMALTUM et LIMOGIA; le Dictionnaire de d'Expilly, au mot LIMOGES ; l'*Historique monumental du Limousin*, où M. Maurice Ardant a inséré un article sur les émailleurs de Limoges, rempli de faits curieux ; la Statistique du département de la Haute-Vienne, par Allou ; plusieurs collections, telles que le *Journal des savants*, la *France littéraire*, les *Mémoires de l'Académie des inscriptions et belles-lettres*, le *Catalogue des archives Joursanvault; les Arts au moyen âge*, par M. Dusommerard, ouvrage plein de faits très-intéressants, et véritable monument élevé à la gloire de nos vieux artistes, si oubliés, et cependant si dignes de reconnaissance ; les registres manuscrits de l'ancienne Académie de peinture et de sculpture ; et enfin la collection des livrets des expositions de peinture depuis 1699 jusqu'à cette année.

J'omets un bon nombre de dissertations et d'ouvrages que j'ai lus inutilement, ou sans en retirer grande utilité; et malgré ces recherches, les livres ne m'ont presque rien donné : j'ai puisé la plus grande partie des faits que je cite dans les monuments eux-mêmes; j'ai étudié avec le plus grand soin, les pièces en main, bien entendu, la collection des émaux du Louvre, et le magnifique musée céramique de Sèvres, le musée de Poitiers, les belles collections de MM. Brunet-Denon, Dusommerard, Sauvageot, Préault, et celle de M. Maurice Ardant, à Limoges, les émaux de la cathédrale et des diverses églises de cette ville; enfin, plusieurs collections conservées à Saumur, à Angers, et à Lyon.

J'ai dû aussi consulter des personnes plus savantes que moi : leurs conseils m'ont été très-utiles, et je me plais à remercier MM. Tastu, Lenormant, Pottier, Didron, Dusommerard, et surtout M. Riocreux, le savant conservateur des collections de la manufacture de Sèvres, des excellents conseils qu'ils ont bien voulu me donner.

Je dois enfin dire que M. Brongniart, outre les avis qu'il m'a donnés, a eu l'obligeance de relire les épreuves de mon travail.

La conscience que j'ai mise à rédiger ce mémoire, les avis des personnes que j'ai citées, et le suffrage de l'Académie, me font espérer que le public accueillera avec indulgence le travail que j'ai l'honneur de lui soumettre.

Paris, le 8 mai 1841.

INTRODUCTION.

On appelle émail un verre rendu opaque par l'introduction d'une certaine quantité d'oxyde d'étain dans la masse de l'émail. Pour peindre en émail, on fixe de l'émail sur un corps appelé *excipient,* et qui a varié de nature à diverses époques. Dès les temps les plus reculés, les émailleurs de l'Égypte revêtaient d'une couche d'émail vert ou bleu divers objets en terre de poterie (appelée ordinairement porcelaine d'Égypte), ou bien en talc, en stéachiste, etc. (Voy. plus loin *émaux égyptiens.*)

A proprement parler, les divers produits de l'émaillerie égyptienne ne devraient pas entrer dans une histoire de la peinture sur émail, car ils ne sont pas peints; cependant, c'est dans ces revêtements monochrômes qu'il faut chercher l'origine de cet art si important.

Les peuples de l'Europe occidentale perfectionnèrent l'art de l'émailleur ; on choisit les métaux pour servir d'excipient, et, en taillant sur leur surface des creux formant un dessin quelconque, puis, en les remplissant d'émail de diverses couleurs, on obtint des sujets assez importants par leurs dimensions et par leur exécution. Ce procédé, par infusion de l'émail dans les creux du métal, dura jusqu'au XIVe siècle de l'ère chrétienne.

Alors on cessa de pratiquer des interstices dans l'excipient ; on le recouvrit tout entier d'une couche d'émail blanc, sur laquelle on peignit avec des couleurs vitrifiables, que l'on identifiait ensuite à la masse même de l'émail par l'action du feu ; telle est encore la manière de peindre en émail usitée de nos jours : l'excipient est, ou métallique, ou non ; le cuivre, l'or, l'argent, sont les métaux dont on se sert seulement ; la faïence, la poterie, le biscuit de porcelaine, et même la lave, sont les excipients non métalliques.

On est arrivé à peindre sur l'émail avec des

couleurs vitrifiables ou susceptibles de s'émailler. La peinture en émail est brillante, peut résister à l'action de l'air, de l'eau, de la chaleur, du froid, de l'humidité, de la poussière; enfin, à l'action de tous les agents destructeurs de la peinture à l'huile; aussi ce genre de peinture, appliqué en grand à la conservation des chefs-d'œuvre de l'art du dessin, offrirait-il des avantages inappréciables (1).

La peinture sur émail est non-seulement im-

---

(1) Nous ne voulons pas entrer ici dans des détails techniques qui ont été décrits souvent, et que nous ne pourrions que transcrire; d'ailleurs, ce n'est pas notre but: mais nous croyons devoir dire en quelques mots comment on obtient un émail, afin de donner une idée des difficultés de ce genre de peinture, et avoir l'occasion de renvoyer aux ouvrages qui traitent de la fabrication des émaux: Lorsqu'on peint en émail, on enduit l'excipient, la plaque d'or, par exemple, d'une couche d'émail blanc; on peint sur cette couche d'émail avec des couleurs fusibles, de sorte que, en exposant au feu la plaque émaillée, les couleurs, en se fondant, s'amalgament avec l'émail, ne

portante par elle-même, mais encore par ses rapports avec quelques autres arts auxquels l'émailleur est d'un grand secours. L'orfèvrerie a longtemps tiré parti des décorations émaillées, et nous en parlerons longuement dans le cours de ce travail; le mosaïste ne peut se passer d'émaux; les cubes dont les anciens se servaient dans la composition de leurs magnifiques mosaïques sont presque tous émaillés à leur surface, et on serait peut-être en droit de regarder ces beaux ouvrages comme des peintures en émail; la céramique

---

font qu'un, et constituent un tout d'une solidité parfaite. Mais il faut exposer au feu la plaque émaillée jusqu'à quatre et cinq fois, pour arriver au résultat que l'on veut atteindre; souvent l'action du feu fait changer le ton des couleurs; on n'a pas non plus une gamme complète de couleurs fusibles, quoique les découvertes récentes de la chimie en aient donné un grand nombre; il faut une expérience consommée des différentes actions de la chaleur pour bien apprécier ses effets sur les couleurs; enfin mille accidens imprévus peuvent survenir dans l'exécution d'un travail de ce genre. Nous renvoyons, pour les détails rela-

appelle sans cesse à son secours l'émailleur, pour décorer ses faïences et ses poteries de grès. Le bijoutier, le nielleur, et autrefois l'armurier et le relieur, savaient tirer parti de la peinture sur émail. Le peintre sur verre, à proprement parler, ne fait que de la peinture sur émail translucide.

Il nous semble qu'on ne saurait trop encourager une branche de l'art aussi importante, et il nous a paru utile de rassembler tout ce que l'on savait sur l'histoire de cet art, pour l'instruction du public qui ignore généralement la grande part

---

tifs à la partie technique de la peinture sur émail, à l'Encyclopédie de Diderot, à la *Chimie appliquée aux arts* de M. Dumas; au volume publié par le baron d'Holbach, contenant la traduction de l'ouvrage de Néri, des notes de Merret, du Commentaire de Kunckel; à *l'Art de peindre sur émail*, par Montamy; à l'*Encyclopédie méthodique* (dictionnaire des beaux-arts, article Émail); aux Mémoires de MM. Brongniart et Clouet, dans les *Annales de chimie*, etc. *

* Nous devons prévenir qu'il faut, en général, ne pas se fier absolument aux livres, surtout aux anciens, et que le meilleur guide est l'expérience.

qui revient à la France dans le perfectionnement de la peinture sur émail, et les richesses que renferment ses musées, et aussi pour encourager au travail d'excellents artistes, auxquels on refuse souvent ce titre, et qui, effrayés de l'oubli où sont tombés leurs devanciers, abandonnent une carrière jusqu'à présent sans gloire.

Enfin, pour terminer cette introduction, nous croyons devoir examiner quelle est l'étymologie du mot *émail;* cette courte discussion philologique aura d'ailleurs le résultat de rattacher cette introduction au reste de l'ouvrage.

Ménage s'exprime ainsi sur l'origine du mot émail : « L'italien dit *smalto* et *smaltare*, pour « émailler ; il y a apparence que nous avons pris « ce mot des Italiens ; mais je ne sais pas d'où les « Italiens l'ont pris. » Rien n'est plus insignifiant et plus faux que cette prétendue explication. Nous n'avons pas pris ce mot aux Italiens ; le mot émail existe certainement dans le plus grand nombre des langues de la famille indo-européenne ; c'est une opinion admise parmi les plus savants philologues de nos jours que les mots *émail*, *esmail* (v. fr.), *smalto* (ital.), *smaltum* (bas lat.), viennent de la manière la plus directe du germain *schmeltz* et *schmalte* (all.), qui ont le même sens, et qui se tirent eux-mêmes, quelle que soit la forme qu'ils prennent dans les divers dialectes teutoniques, du radical *schmelzen* (fondre), *smiltan* (allem.), *smelzen* (anc. all.), *smaltan* (angl.-sax.), auquel peuvent bien se rattacher, d'une part, les formes grecques μαλθη, μαλθουν (et peut-être bien σμαγδος) et, de l'autre, les formes latines *maltha* et *molliri* (1). Ainsi, il est évident que tous les peuples indo-germaniques ont le même mot pour exprimer la même action, celle d'enduire, à l'aide de couleurs fondues, un corps quelconque, et le ré-

---

(1) Cf. Pott, *Recherches étymologiques sur les langues indo-germaniques*, t. 1, pag. 245, et le *Dictionnaire manuel allemand* de Heyse. Ajoutons surtout que c'est l'opinion de M. Eug. Burnouf, à l'amitié duquel nous devons ces détails si importants pour notre travail.

sultat, c'est-à-dire un corps quelconque couvert de couleurs fixées par le feu. Nous ne voulons pas entrer ici dans une discussion qui trouvera sa place un peu plus loin : nous voulons seulement constater ici l'existence du mot émail dans toutes les langues indo-européennes; toutefois, nous croyons pouvoir dire dès à présent que, né dans l'Orient, l'art d'émailler a pris chez les peuples de l'Europe occidentale un développement considérable.

HISTOIRE
DE LA
PEINTURE SUR ÉMAIL.

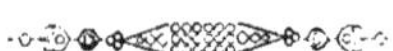

CHAPITRE PREMIER.

ÉMAUX ÉGYPTIENS.

Nous ne prétendons pas que ce soit en Égypte qu'on ait découvert l'art d'émailler ; mais on pourrait facilement soutenir cette opinion, que tout semble confirmer : ce qu'il y a de certain, c'est que les émaux égyptiens sont les plus anciens qui nous soient parvenus. Leur antiquité reculée, leur nombre incroyable, rendent intéressantes les recherches que l'on peut faire sur l'art du verrier et de l'émailleur en Égypte.

On sait qu'il y avait en Egypte de nombreuses fabriques où l'on faisait une foule d'objets recouverts d'un émail de diverses couleurs : c'était, selon Champollion, la source d'un commerce considérable, ainsi que les verreries (1).

Ces émaux sont toujours monochrômes, et appliqués sur des poteries ou des pierres, telles que le calcaire, le schiste, le talc, le stéachiste. Les couleurs qu'ils affectent spécialement sont le vert et le bleu. Ces deux couleurs sont obtenues à l'aide d'un boro-silicate de cuivre et de potasse, le bleu avec excès d'alcali, et le vert par excès d'acide.

Les autres couleurs qui se rencontrent le plus fréquemment dans les émaux égyptiens sont le jaune, le rouge, le violet, et le blanc.

On peut signaler, parmi les produits de l'art égyptien, des statuettes de dieux et de rois, des amulettes représentant des animaux

---

(1) *Précis de l'histoire d'Égypte*, rédigé pour le pacha d'Égypte.

symboliques et sacrés, des ustensiles et instruments servant au culte ou aux usages domestiques, tels que des cuillers à parfums, des sceaux destinés à marquer les victimes, des vases où l'on mettait des onguents et des huiles, des pendants d'oreilles sous forme de divers animaux de l'Egypte (grenouilles, poissons, scarabées, mouches, cygnes, lions, hippopotames, gazelles, lièvres, chats, hérissons), des colliers et des plaques de colliers, des anneaux, des cachets (1), des images funéraires, ou figurines imitant une momie, et tenant les instruments agricoles (pioche, houe, sac pour mettre les semences, jougs, fuseaux, navettes, équerres) nécessaires pour accomplir les travaux auxquels les âmes sont censées se livrer dans les Champs-Elysées ; des vases funéraires destinés à contenir les entrailles des morts, des scarabées en terre émaillée, servant de petite monnaie, et placés dans les cercueils,

(1) Le cachet de *Sésostris* se trouve au Louvre (n° 130-135, M. dans la salle civile).

et mille autres ustensiles domestiques. Le musée égyptien, au Louvre, contient une fort belle suite d'objets émaillés de ce genre ; la pureté et l'éclat de ces émaux monochrômes sont réellement fort remarquables (1).

Outre cette série, déjà assez longue, nous avons encore à signaler plusieurs objets émaillés qui achèveront de compléter l'indication des divers usages de l'émail chez les Egyptiens.

Au musée céramique de Sèvres, on conserve un petit vase égyptien en émail bleu, avec des ornements en émail blanc et jaune appliqués à la surface; une statuette (Aa 11, n° 19), dont la masse est vitreuse, et recouverte d'un émail bleu-lapis très-beau : ainsi les Egyptiens ont su émailler le verre lui-même.

Leurs mosaïques sont souvent composées de petits cubes émaillés.

« On voit dans la collection égyptienne de Turin, dit M. Champollion-Figeac (2), un frag-

---

(1) Voy. *Not. du musée Charles X*, par Champollion.

(2) *Résumé d'archéologie*, tom. 1, pag. 206.

ment de cercueil de momie dont les peintures sont exécutées en mosaïque avec une précision et une fidélité surprenantes. La matière est en émail, les couleurs sont très-diverses, et leur variété rend avec une ressemblance parfaite le plumage des oiseaux. »

Au Louvre et à Sèvres, on conserve plusieurs petites mosaïques qui sont de petites plaques (3 pouces carrés) de stéachiste rude émaillé en blanc, et incrustées d'émaux verts et rouges, carrés et triangulaires, formant mosaïque ; ces plaques supportent un scarabée en basalte noir, et se portaient comme des amulettes.

Enfin, les Egyptiens formaient des tuniques d'apparat avec des tubes ou de petits anneaux de verre et d'émail, et ornaient de ces réseaux certaines momies (1).

---

(1) *Catalogue des antiquités égyptiennes* de M. Passalaqua, pag. 255, note de M. Jomard. Cf. aussi le grand ouvrage sur l'Égypte. La Bibliothèque royale possède plusieurs objets de ce genre.

CHAPITRE II.

ÉMAUX BABYLONIENS.

On sait que les édifices de Babylone étaient bâtis avec des briques séchées au soleil et plus rarement cuites au four; il paraît, d'après les débris que l'on trouve dans les ruines de cette ville, que les Babyloniens ont émaillé d'un côté un grand nombre de briques, et qu'ils formaient ainsi des revêtements plus ou moins agréables destinés à orner les façades des bâtiments. On conserve à la Bibliothèque royale deux fragments de briques babyloniennes revêtues d'un côté d'une couche d'émail: l'un de ces fragments, tout à fait informe, est émaillé en bleu de roi et en jaune; l'émail bleu est très-transparent et presque vitreux, le jaune est opaque; l'autre fragment accuse un dessin, sans doute une rosace; ses couleurs sont le blanc et le gris pâle.

Il est impossible toutefois de rien dire sur l'époque et l'origine de ces débris qui peuvent être aussi bien de l'époque persane comme d'un temps plus ancien.

CHAPITRE III.

DE L'ÉMAIL EN PHÉNICIE ET CHEZ LES HÉBREUX.

Les Phéniciens, auxquels l'histoire attribue la découverte du verre, doivent sans doute avoir connu l'émail ; on a donné pour preuve de cela que les Hébreux, qui avaient emprunté tous leurs arts à la Phénicie, connaissaient l'art de l'émailleur : Ezéchiel en parle, dit-on, à trois reprises (1) ; il appelle l'émail *chasmal* (חשמל). Saint Jérôme traduit chas-

(1) *Ézéch.*, I, 4, 27 ; VIII, 2 ; et aussi le *Dictionnaire de Trévoux*.

mal par *electrum*, et ce mot a été conservé dans toutes les éditions latines de la Bible. Quelques commentateurs veulent que chasmal signifie émail, et font dériver de ce mot hébreu le *smaltum* des Latins. D'autres veulent que *chasmal* soit un alliage composé d'or et d'airain.

Pour nous, adoptant en cela l'opinion de Gesenius (1), nous croyons que *chasmal* n'est point de l'émail, mais de l'airain poli. Ce n'est donc pas sur un mot, mais à cause du commerce de la Phénicie avec l'Egypte, que nous adopterions l'opinion qui admet que les Phéniciens et les Hébreux ont connu l'émail. D'ailleurs, ceci importe peu, et nous n'avons abordé cette question que pour réfuter, dans un travail général comme le nôtre, la traduction de chasmal par émail.

---

(1) Lexique hébraïque.

CHAPITRE IV.

DE L'ÉMAIL CHEZ LES GRECS.

Les colons égyptiens et phéniciens apportèrent chez les Grecs l'art de fabriquer les émaux, et cet art paraît s'y être développé assez rapidement. Ce qui reste d'émaux grecs est tellement considérable, que l'on doit sans crainte rejeter l'opinion de quelques archéologues, qui supposent que cet art fut inconnu ou peu répandu chez les anciens.

Dans l'origine, les émaux fabriqués par les Grecs conservèrent tous les caractères des émaux de l'Egypte : ainsi on a découvert à

Milo, en 1829, un vase grec recouvert d'un émail vert, comme les poteries égyptiennes (1), et ce qui prouve que les émaux égyptiens étaient connus des Grecs, c'est qu'en 1828 on avait trouvé, dans la même île de Milo, des figurines émaillées, d'origine égyptienne, et couvertes d'hiéroglyphes.

Les Grecs ne s'en tinrent pas à ces revêtements monochrômes : ils se servirent bientôt de l'émail pour produire divers objets de bijouterie; ainsi, en prenant un certain nombre de filets d'émail de diverses couleurs et à l'état d'incandescence, en les roulant, en les contournant pour en former une boule, puis en partageant cette boule par plaques, ils obtenaient des lames représentant des dessins bizarres, mais souvent agréables (2). On conserve à Sèvres plusieurs de ces plaques, d'un beau poli et d'un bel effet.

---

(1) *Bullet. de l'Instit. arch. de Rome*, 1831, pag. 184.

(2) Au XVIIe siècle, on a fait à Venise de pareils émaux Voy. chap. 13, *Émaux italiens*.

Les Grecs eurent encore un autre procédé : en réunissant de petits filets d'émail coloré, ils obtenaient des dessins de toute espèce, assez semblables aux petites mosaïques de Florence employées de nos jours en bijouterie.

On conserve à la Bibliothèque royale divers émaux grecs de ce genre. Le n° 266 est extrêmement curieux : il représente la partie antérieure d'un oiseau ; ce débris est d'une rare beauté. Nous avons vu également à la Bibliothèque royale un débris représentant le coin d'un cadre ; ce fragment, d'une ligne d'épaisseur, est composé de petites plaques d'émaux de diverses couleurs, soudées et réunies les unes aux autres. Je ne doute pas qu'il n'ait servi à entourer quelque bijou en verre ou en émail.

On pourrait encore citer divers objets du même genre, tirés de l'ouvrage de M. Minutoli (1) ; mais ce serait insister trop long-

(1) *Über die Anfertigung und die Nutzanwendung der farbigen Gläser bei den Alten;* Berlin, 1836, 39 pag. in-4°, avec planches coloriées.

temps sur des productions qui annoncent plutôt la peinture sur email qu'elles ne constituent cet art à proprement parler.

Les Grecs du Bas-Empire appelaient l'émail σμαγδος (1). Dans l'antiquité, le mot émail manque, dit-on; mais je ne doute pas que les mots μαλθα et μαλθη n'aient le sens d'émail, bien qu'on les traduise généralement par *cera emollita.* Il y a un rapport trop grand entre ces mots et les mots latins *smaltum, smaltare, malthare, maltha,* pour qu'on ne puisse donner au grec μαλθα le sens d'émail, que son dérivé σμαγδος a réellement. Et je suis presque sûr que si le mot μαλθα veut dire émail, verre opaque, le mot επιμαλθος veut dire aussi émail, dans le sens d'objet émaillé. D'ailleurs, la peinture à l'encaustique des anciens est si peu connue, que l'on peut bien encore ajouter cette hypothèse à tant d'autres, savoir :

---

(1) ΣΜΆΓΔΟΣ, encaustum, pigmentum metallicum, εγκαυστον. Gallis, *émail;* Italis, *smalto.* Σμαγδωνειν, liquatis metallis colores inurere, εγκαιειν. Ducange; *Gloss. ad script. med. græcit.*

que par peinture à l'encaustique, on entendait toute peinture dans laquelle le feu entrait comme agent principal, et, par conséquent, que la peinture en émail y était comprise. Quoi qu'il en soit, il faut bien que les Grecs aient eu un mot pour désigner une chose qui existait chez eux, et de tous les mots connus de leur langue, les mots μαλθα, et depuis, σμαγδος, sont les seuls que l'étymologie nous permette de regarder comme ayant désigné chez eux l'émail.

CHAPITRE V.

DE L'ÉMAIL CHEZ LES ÉTRUSQUES.

On peut conjecturer que les Etrusques connurent l'art d'émailler.

On conserve au musée de Sèvres une poterie de terre cuite émaillée en bleu lapis à la manière égyptienne, provenant d'un tombeau de l'Etrurie : c'est le seul fait que nous regardons comme attestant ce que nous disions en tête de ce chapitre. Nous savons bien que dans la collection Dorow il existe un masque de bronze antique, destiné à orner le timon d'un char. Les yeux de ce masque sont, dit-on, en émail, et il serait possible que ce masque fût de fabrique grecque; cependant, les yeux doivent plutôt être émaillés sur le bronze, qu'en émail même; et cette considération d'émail appliqué sur métaux est un fait tellement moderne, que nous regarderions plutôt ce masque comme d'origine romaine, à moins que les Etrusques n'aient les premiers appliqué l'émail sur le métal. Nous ne pouvons résoudre cette question, assez grave, au moins pour notre sujet, ne connaissant pas ce masque, et n'en parlant que d'après une description assez peu claire, insérée dans le *Journal des savants* (1).

---

(1) Voy. *Journal des savants*, 1829, mars.

CHAPITRE VI.

DE L'ÉMAIL CHEZ LES ROMAINS.

L'art de l'émailleur, parvenu à Rome, y fit des progrès considérables. Les émaux romains sont nombreux et fort remarquables. C'est à Rome, suivant toute apparence, que l'on commença à entailler le métal, et à y couler de l'émail. On obtenait ainsi tel dessin que l'on voulait ; le trait était formé par les saillies du métal.

Les Romains ont fait en métal émaillé une multitude de bijoux ; mais il existe surtout un vase romain en bronze émaillé, qui est à coup sûr le plus bel émail antique qui nous soit parvenu. « Ce vase a la forme d'un petit coquemar, surmonté d'une anse mobile. Sur sa panse sont tracés des feuillages, des nervures et des bandes en émail coloré, dont l'excellente figure donne l'idée la plus satisfaisante de la perfection des émaux romains. Les couleurs employées dans l'émail sont le vert, le rouge et le bleu (1). Ces couleurs sont appliquées suivant le procédé qui eut cours pendant tout le moyen âge, c'est-à-dire que l'on a creusé, à l'aide du burin, ou peut-être pratiqué dans l'opération de la fonte, les enfoncements destinés à recevoir l'émail vitrifiable, et que l'exposition du vase à un certain degré de chaleur a ensuite provoqué l'adhérence complète de l'émail au métal (2). »

Ce beau vase a été trouvé en 1834, dans le

---

(1) Ces trois couleurs, avec le blanc et le jaune, sont celles que j'ai seulement rencontrées sur les émaux romains.

(2) *Monum. franç.*, par Willemin, texte pag. 22.

comté d'Essex, en Angleterre, dans un tombeau romain. M. Gage en a donné une description et une fort belle gravure coloriée (1).

On conserve au Louvre plusieurs fibules romaines en bronze émaillé : l'une représente un poisson, et offre un ensemble assez satisfaisant. Ces fibules, par leur nombre et leur élégance, prouvent que l'art de l'émailleur fut cultivé à Rome avec succès.

Le musée de Sèvres possède plusieurs fragments de verre émaillé provenant de Pompeïa, et divers cubes de mosaïque venant d'un temple de Rome, qui méritent l'attention : l'un de ces fragments est un morceau de verre blanc dont la surface est couverte de filets d'émaux blancs incrustés dans la masse et absolument semblables aux verres émaillés de Venise; l'autre est un bloc de verre avec filets d'émaux contournés, pareil à ceux que nous avons déjà mentionnés chez les

(1) Voy. *Archæologia*, tom. 26, pl. 35, pag. 310.

Grecs. Les cubes de mosaïque sont de petits blocs d'émail de diverses couleurs, vert, grenat, brun, etc. Sur ces blocs est appliquée une feuille d'or recouverte d'une lame de verre très-mince.

Comment les Latins appelaient-ils cette sorte de peinture et ses produits? Ici, de même que pour la Grèce, il règne une obscurité complète. Le bas-latin *smaltum* (1) désigne évidemment l'émail; mais, dans la bonne latinité, quels sont les mots qui signifient émail et émailler? L'étymologie amène nécessairement à *maltha* et *malthare*, lequel est devenu le *smaltare* du moyen âge, par l'adjonction d'un *s* prothétique. Cependant Pline définit la *maltha* comme un ciment des-

---

(1) Anastase le Bibliothécaire et Guillaume le Bibliothécaire se sont servis du mot *smaltum* : l'un, dans la vie du pape Léon IV, et l'autre, dans celle d'Étienne VI. Léon d'Ostie et Richard de Saint-Germain ont aussi employé ce mot. Au moyen âge, on se servit, selon Ducange, des mots *smaltum* et *esmaletum*, d'où *smalto*, *esmail*, *émail*.

tiné à enduire les murs (1). Mais Pline et Festus diffèrent sur la composition de ce mastic : pour le premier, c'est de la chaux, et pour le second, de la poix; nous ne doutons pas que ce nom n'ait aussi désigné l'enduit vitreux appliqué à un excipient, c'est-à-dire l'émail lui-même.

On a dit que Pline, au chap. 26 du livre 36, donnait la composition de l'émail : il s'occupe des verres colorés, et il est bien difficile de savoir si c'est du verre ou de l'émail dont il est question. D'ailleurs, cela ne ferait rien pour déterminer le sens de maltha; nous croyons que, chez les Romains comme chez les Grecs, la peinture en émail formait une des subdivisions de la peinture à l'encaustique.

---

(1) Plin., xxxvi, 58.

CHAPITRE VII.

DES ÉMAUX GAULOIS.

Enfin, pour terminer ce qui nous reste à dire sur l'histoire de la peinture en émail dans l'antiquité, il nous faut parler des émaux gaulois.

Philostrate, dans ses images, indique que les Gaulois (?) étendent des couleurs sur de l'airain, qu'elles y adhèrent, et qu'elles deviennent inaltérables.

Voici la traduction de ce passage :

« On dit que les barbares qui habitent près de l'Océan coulent des couleurs sur de l'airain chauffé, et qu'elles s'unissent au métal; puis que, devenant aussi dures que la pierre, elles conservent les dessins qu'on y a tracés (1). »

Philostrate ne dit pas positivement que ce soient les Gaulois qui fassent ces peintures; cependant, tout semble le prouver, et Welcher cite le passage suivant de Pline (2) à l'appui de cette opinion :

« Album (plumbum) incoquitur æreis ope-
« ribus Galliarum invento, ita ut vix discerni
« possit ab argento, eaque incoctilia vocant.
« Deinde et argentum incoquere simili modo
« cœpere, equorum maxime ornamentis, ju-
« mentorum jugis, in Alexia oppido; reliqua
« gloria Biturigum fuit. Cœpere deinde et es-
« seda et vehicula et petorita exornare; simili-
« que modo ad aurea quoque, non modo ar-

---

(1) Ταῦτά φασι τὰ χρώματα τοὺς ἐν Ὠκεανῷ Βαρβάρους ἐγχεῖν τῷ χαλκῷ διαπύρῳ. Τὰ δὲ συνίστασθαι, καὶ λιθοῦσθαι, καὶ σώζειν ἃ ἐγράφη.

(Philost., *Icon.*, lib. 1, c. 28, ed. Jacobs et Welcher; Lips., 1825, pag. 44.)

(2) L. 34, c. 17. § 48.

« gentea staticula inanis luxuria pervenit ;
« quæque in scyphis cerni prodigium erat,
« hæc in vehiculis atteri cultus vocatur (1). »

Des découvertes récentes prouvent que les Gaulois avaient fait des émaux. On a trouvé, en 1838, à Marsal (Meurthe) (2), vingt squelettes enfouis dans un détritus végétal. Chacun de ces squelettes avait au cou des colliers de bronze, avec des bracelets et des anneaux aux bras et aux doigts. L'un de ces colliers est orné de rosaces d'un émail vert ou bleu ; ces rosaces sont enchâssées dans le bronze... En 1840, on a trouvé à Laval, près de Sainte-Menehould, et à Sompuis, près de Vitry-le-François (3), plusieurs sépultures gauloises, dans lesquelles étaient placés des vases de grès et de verre, des colliers formés de grains d'ambre et de petits

---

(1) *De Iacoctilibus*, Cf. Beckm. Beytr. Zur Gesch. der Erfind., t. 4, pag. 361.

(2) *Journal des Débats* du 23 mai 1838.

(3) *Debats* du 6 novembre 1840

grains de verroterie incrustés de diverses nuances. Ce qui peut donner au moins quelque date approximative, c'est qu'il y avait aussi dans ces tombeaux des médailles romaines, et une gauloise.

Ces témoignages sont vagues, sans doute ; mais enfin ils viennent à l'appui de textes qui, sans eux, auraient moins de valeur.

Nous étions bien aise, d'ailleurs, de donner quelque détail sur les premiers faits qui révèlent l'existence de l'art d'émailler dans le pays où l'on devait porter si loin sa culture.

CHAPITRE VIII.

DE L'ÉMAIL CHEZ LES ORIENTAUX, DANS LES TEMPS ANCIENS ET MODERNES.

Nous groupons en un seul chapitre tout ce que nous savons sur l'emploi de l'émail chez les divers peuples de l'Orient, afin de mettre plus d'ordre dans notre travail.

1° *Émaux chinois.*

Il paraît que chez les Chinois l'art de peindre en émail y est extrêmement ancien ; ce peuple l'a porté à un très-grand degré de perfection.

On y fait des vases en cuivre émaillé, en grès émaillé, et en porcelaine non vernissée, mais émaillée. Ainsi, au musée de Sèvres, nous avons vu une coupe et son couvercle en cuivre émaillé en vert foncé, avec rosaces rouges, bleues et blanches; une autre coupe en cuivre émaillé en bleu lapis et blanc, avec des fleurs pour ornements; un vase en cuivre émaillé, avec sujets historiés, etc. Ces émaux sont absolument semblables à ceux que nous désignons sous le nom d'*émaux de Limoges*.

Les grès émaillés de la Chine sont fort remarquables par l'éclat des couleurs et le bon goût de l'ornementation; il serait bien à désirer que nos fabricants imitassent cette industrie que les Anglais ont adoptée.

Les Chinois remplacent quelquefois la couverte feldspathique de la porcelaine par une couche d'émail, sur laquelle ils peignent en émaux-reliefs divers ornements. Ces vases sont faciles à obtenir; déjà un fabricant de porcelaine de Paris a fait quelques essais pour obtenir des vases semblables, et a assez bien réussi.

2° *Émaux arabes et persans.*

Les Arabes et les Persans fabriquent de petites briques carrées émaillées d'un côté, et s'en servent pour orner les murs et les pavés des appartements, qui y gagnent en fraîcheur et en propreté. Il existe en Perse et à l'Alhambra (1) des façades entières ainsi décorées, et du plus bel effet. Les zulajas de l'Alhambra datent du XIIIe siècle (2).

Lorsque les Arabes s'établirent en Espagne, ils y introduisirent la fabrication et l'usage des revêtements en carreaux émaillés. Ces

---

(1) Voy. les belles planches de l'ouvrage de M. Girault de Prangey, pour les Arabes, et celles de M. Texier, pour la Perse.

(2) Le musée de Sèvres en possède de fort beaux échantillons, qu'il doit à M. Taylor. Les zulajas de l'Alhambra portent sans cesse cette inscription :

Et il n'y a pas de fort, si ce n'est Dieu.

C'était la devise du fondateur du royaume de Grenade.

carreaux, appelés *azulejos* par les Espagnols, sont petits, carrés, émaillés d'un côté, peints de diverses couleurs, et en les réunissant, on peut former de vastes dessins représentant des arabesques. Ces briquettes, appelées *zulaja* par les Arabes, et, comme nous venons de le dire, *azulejos* par les Espagnols, tirent leur nom de ce que primitivement les ornements qu'elles représentaient étaient peints en bleu d'outre-mer ou *azul* (1). On conserve des dessins composés par des artistes arabes de Cordoue, pour servir aux ouvriers à faire les ornements des zulajas. Ces cartons, déposés autrefois à l'Alhambra, sont aujourd'hui entre les mains de M. de Lussy, architecte, qui les a recueillis en Espagne.

Parmi les faïences émaillées fabriquées chez les Arabes, nous ne pouvons oublier les plaques qui décorent le tombeau de Mahomet à Médine : ces plaques, dont l'une a été ap-

(1) Le bleu est, en effet, la couleur la plus fréquente des *zulajas* de la Perse.

portée au musée de Sèvres par un voyageur français, sont de trois couleurs; une moitié est d'un vert émeraude magnifique; l'autre moitié est d'un bleu égyptien, également très-beau; ces deux moitiés sont séparées par une raie d'un noir éclatant; les deux premières couleurs, c'est-à-dire le vert et le bleu, sont obtenues à l'aide du cuivre; enfin, ces plaques sont en terre cuite, ont huit pouces environ de hauteur, sur quatre de largeur.

On conserve aussi à Sèvres des carreaux émaillés, provenant des mosquées de Jérusalem (IXe siècle), de Damiette, de Rosette, et du Kaire (XVe et XVIe siècles). Les Arabes ont continué ce genre d'industrie; à Alger même, on continue encore aujourd'hui à décorer les maisons de frises élégament composées.

CHAPITRE IX.

DE LA PEINTURE SUR ÉMAIL EN FRANCE, PENDANT LE COURS DU MOYEN AGE.

On sait qu'il est difficile, dans l'état actuel de l'archéologie du moyen âge, de résoudre avec précision un certain nombre de questions : c'est ainsi qu'il est peu aisé d'écrire sur les émaux du moyen âge, confondus sous le terme général et vague de byzantins. En effet, que doit-on entendre par ce mot? Des émaux fabriqués à Byzance, ou bien des émaux ayant les caractères généraux de l'art appelé *byzantin*, *roman*, *lombard*, *saxon*, et nommés *by-*

zantins, non pas d'après le lieu de leur fabrication, mais bien d'après quelques caractères qui les rattachent à l'art *byzantin*. Pour nous, nous repoussons cette vague dénomination d'*émaux byzantins*, et nous ne désignerons sous ce nom que les émaux grecs du moyen âge. Quant aux émaux fabriqués en France, à Limoges, par exemple, nous leur refuserons le titre d'émaux byzantins, qu'ils ne doivent porter ni pour leur origine, ni pour leurs caractères.

Nous tâcherons de chercher les centres de fabrication d'émaux pendant le moyen âge, et nous donnerons aux émaux soit le nom du pays, soit celui de la ville où ils auront été faits.

Il est constant que la France a été, au moyen âge, le centre d'une fabrication active d'émaux. Nous distinguerons trois villes où l'on s'est livré à ce genre d'industrie : Limoges, Montpellier et Arras ; puis, après avoir dit ce que nous savons sur les émailleries de ces villes, nous examinerons quelles ont été les applications de l'art de l'émailleur. Nous le trouverons d'abord consacré au service des églises, caractère commun à tous les arts à cette époque, et passant, mais plus tard, au service des particuliers.

SECTION PREMIÈRE.

DES CENTRES DE FABRICATION.

§ I.

Des émaux de Limoges au moyen âge.

La tradition fait exister des artistes émailleurs à Limoges, dès le siècle de saint Éloi. Il est certain, toutefois, qu'au xe siècle il y avait dans les Gaules des fabriques d'émaux très-importantes ; et comme, au XIIe, nous les trouvons établies à Limoges, rien ne s'oppose à ce que l'on tienne ces traditions pour vraies.

Nous signalerons, en effet, un peu plus loin, un grand nombre d'émaux français antérieurs au XIIe siècle, et qui ont bien pu être faits à Limoges.

Quoi qu'il en soit, dès le milieu du XIIe siècle, Limoges avait une grande réputation pour la fabrication des émaux, que l'on connaissait sous le nom de *opus de Limogia, labor Limogiæ, opus Lemoviticum.* Ducange cite une charte de donation, faite en 1197, à l'église de Sainte-Marguerite de Veglia, en Apulie, dans laquelle il est fait mention de *duas tabulas æneas superauratas de labore Limogiæ.* Cet acte prouve toute la célébrité dont jouissaient les émaux de Limoges, déjà estimés au fond de l'Italie. En 1218, Pierre de Nemours, évêque de Paris, donna à l'église de La Chapelle, en Brie, *coffros lemovicenses* (1). L'*Anglicanum monasticum* (2) cite aussi *duæ coffræ rubræ, de opere Lemovicensi.* Ces coffres ou petits reliquaires en cuivre doré et émaillé sont très-nombreux.

---

(1) Gallia X^a^, 1, 442.
(2) Pag. 313.

En 1240, il est fait mention de deux ciboires (1) de Limoges, dans un article d'un synode tenu cette année (2). Le Louvre possède un calice du XIIIe siècle, dans l'intérieur duquel se trouve cette inscription :

Magister Claudius Alpais me fecit Lemovicarum.

M. Dusommerard regarde cet Alpais comme un artiste grec établi à Limoges ; nous ne saurions, malgré notre déférence pour ce savant archéologue, nous ranger à son avis : Claudius Alpais est un nom tout français (3).

Au XIVe siècle, on parle de quelques vases de Limoges dans l'inventaire de l'argenterie de Humbert II (4). En 1312, deux artistes de Limoges ornent de peintures en émail le mau-

---

(1) « Duæ pyxides de opere lemoviceno, in qua hostiæ « conservantur. »

(2) Cf. Ducange, v° *Limogia.*

(3) On peut rapprocher de ce nom celui d'Alpaïde, si fréquent sous les Carlovingiens.

(4) *Histoire du Dauphiné et des princes dauphins*, citée par Monteil.

solée du cardinal Pierre de La Chapelle-Taillefer. On ne connaît que leurs initiales, *J.* et *P. Lemovici.* Mais depuis cette époque nous ne trouvons plus de textes relatifs à Limoges : on a continué à faire des émaux, sans nul doute, dans cette ville ; mais il est bien possible que la guerre avec l'Angleterre, qui commence à cette époque, ait arrêté le développement des manufactures de Limoges.

§ II.

Sur la fabrication des émaux à Montpellier.

Un titre du trésor des chartes fait mention, en 1317, de la manufacture d'émaux sur or et argent établie à Montpellier. Ce document, cité par dom Vaissette (1), ne fournit que des renseignements très-vagues. Au reste, nous en donnons l'analyse.

Philippe le Bel ayant transféré dans une partie de Montpellier la monnaie royale qui

(1) *Histoire du Languedoc*, t. 4. pag. 167.

était autrefois à Sommières, le roi de Majorque, seigneur de Montpellier, se plaignit au roi (1317) que cette monnaie faisait du tort à la manufacture d'émail sur or et sur argent établie dans la partie de Montpellier qui était de son domaine. Le roi ordonna au sénéchal de Beaucaire de laisser fabriquer l'émail, mais non pas l'or.

Tel est le seul renseignement que l'on possède sur la fabrique de Montpellier, qui paraît toutefois avoir eu une assez grande cé lébrité.

§ III.

Sur les émaux d'Arras.

Un compte de la ville d'Arras (1) parle d'un orfévre de cette ville, appelé *Pierre Quincauld*, qui fabriquait des vases émaillés, en 1498.

Le passage de ce manuscrit est ainsi conçu :

---

(1) Mss. cité par Monteil, xve siècle, t. 2, pag. 522.

« A Pierre Quincauld, orphévre, pour avoir « fait cinq ronds esmaulx armoyés des armes « de ceste dicte ville, appropriez et assis sur « les dictes troys pièces de vaisselle... assavoir « les dicts deux flacons..., et le dict drageoir... »

Nous n'avons trouvé que ce seul fait sur la fabrique d'émaux d'Arras; mais il est probable que les travaux ultérieurs des antiquaires, dont l'attention est sans cesse éveillée par les nombreuses recherches que l'on fait de nos jours, ajouteront de nouveaux documents à celui-ci.

SECTION DEUXIÈME.

DES DIVERS EMPLOIS DE L'ÉMAIL AU MOYEN AGE.

§ I.

Application de l'émail à l'orfèvrerie pendant le moyen âge.

On conçoit sans peine que les orfèvres aient de bonne heure employé l'émail pour décorer les objets qu'ils fabriquaient; après avoir conservé cet usage jusqu'au XVIIe siècle, ils l'abandonnèrent entièrement, et depuis sept ou huit ans seulement, nous voyons cette ancienne coutume reprendre vigueur.

Dès le VIe siècle, on fabriquait de l'orfévrerie en argent émaillé. Les chroniqueurs du temps disent que saint Colomban donna à l'église d'Auxerre des objets d'orfévrerie en argent émaillé. Depuis cette époque, les monuments deviennent plus nombreux; il serait même bien difficile de citer tous les objets qui existent encore dans les trésors de Reims, de Conquez, de Saint-Denis, de Saint-Sernin, de Troyes, etc., sans parler de ceux qui ont été dispersés ; et pour ne citer que des exemples considérables, nous mentionnerons le tombeau du comte de Champagne, Henri le Large, mort en 1180 : ce tombeau, de six pieds de longueur, sur trois de hauteur, en argent massif, était décoré de nombreux émaux (1); la châsse de Saint-Calmin, con-

(1) Cf. pl. 10, des *Antiquités de la ville de Troyes*, par Arnaud.

servée dans l'abbaye de Mauzac, en cuivre émaillé (XIIe siècle); le triptique émaillé de Chartres, représentant la crucifixion, l'apothéose du Christ, et la Pentecôte; la châsse de saint Taurin, à Évreux, en cuivre émaillé (XIIIe siècle); enfin, disons, pour résumer, que presque toutes les productions de Limoges étaient des objets d'orfévrerie émaillée.

§ II.

Application de l'émail à la décoration des tombeaux.

En 602, Clotaire II éleva à Saint-Germain-des-Prés un monument à Frédégonde; la tombe qui recouvrait la reine était exécutée en mosaïque : «Cette mosaïque, dit A. Lenoir (1), est formée d'une infinité de petites parties d'émaux disséminées dans un mastic préparé et coulé dans les contours de la figure, sculptée dans une pierre de liais, dont les petits

(1) *Histoire des arts en France*, pag. 233, pl. 7.

ornements sont en cuivre. » La reine est représentée en habits royaux et voilée.

On trouva, en 1724, dans le parvis de Saint-Sulpice, deux sépulcres, dont l'un était décoré d'une plaque de cuivre émaillé, représentant l'histoire d'Élie et la veuve de Sarepta. Le Beuf, qui possédait ce monument, le regardait comme étant du XIIe siècle (1).

On pourrait citer ici le tombeau du comte Henri le Large, si on ne l'avait placé déjà au chapitre relatif à l'orfévrerie.

Les tombeaux de Jean, fils de saint Louis, et de Jeanne, fille du même roi, que l'on voyait jadis à l'abbaye de Royaumont, étaient ornés de plaques de cuivre émaillé; on peut en voir le dessin dans les antiquités nationales de Millin (2).

M. Monteil parle aussi de tombes de pierre incrustées d'émail que l'on faisait à Troyes au XIVe siècle (3).

---

(1) *Histoire du diocèse de Paris*, t. 2, pag. 446.

(2) T. 2.

(3) *Description de la France*, par Desrues.

§ III.

Application de l'émail à la décoration des crosses.

Nous connaissons un exemple fort curieux de crosse en cuivre émaillé : c'est celle de l'évêque de Chartres Ragenfroi, mort vers 960.

Le pommeau et le montant de la volute de cette crosse sont décorés de quatre compartiments émaillés, dont les sujets sont tirés de l'histoire de David ; de plus, le nom de l'artiste qui exécuta ces ornements s'y trouve indiqué dans l'inscription suivante :

Frater Willelmus me fecit.

M. Pottier a donné une description détaillée de ce curieux monument (1), à laquelle nous renvoyons le lecteur.

Cet exemple n'est pas le seul ; il existe dans

(1) *Mon. franç. inéd.*, texte, pag. 20, t. I

presque toutes les collections un grand nombre de crosses émaillées; mais aucune n'est aussi intéressante que celle dont nous venons de nous occuper.

§ IV.

Portraits en émail.

Il existe au musée du Mans un portrait en pied du comte d'Anjou Geoffroy Plantagenet en costume du temps. Ce bel émail, de deux pieds de hauteur, sur un de largeur, est exécuté d'après le procédé alors en usage, et qui consistait à couler de l'émail dans les creux de la plaque de cuivre.

Ce portrait est du XIe ou du XIIe siècle.

§ V.

Application de l'émail à la reliure des livres.

Le cartulaire d'argent, ou cartulaire de l'abbaye de Saint-Père, à Chartres (1), dont la

(1) Bibliothèque royale, cart. 52.

date est fixée au XIIe siècle, est revêtu d'une reliure en argent, enrichie de pierreries et de figures émaillées. On conserve aussi à la Bibliothèque royale un Évangile du XIVe siècle, dont la reliure se compose d'un bas-relief en ivoire, entouré d'une magnifique bordure de pierreries et d'émaux.

§ VI.

Application de l'émail à l'ornement des armes et des armures.

L'usage si commun au moyen âge d'orner de pierreries, de sculptures ou de ciselures les armes de luxe, décida sans doute les armuriers à faire décorer par les émailleurs certaines armes de parade. Parmi les faits relatifs à cette application de l'émail, nous citerons l'épée de Louis X (1) : l'inventaire des armes de ce prince s'exprime ainsi : « Item une espée à parer garnie d'argent, le pommel et le poing esmaillé. »

(1) *Inventaire des armes de Louis X*; Ducange, au mot *Armatura*.

Cet usage se perpétua jusqu'au XVIe siècle. Il reste diverses armes ayant appartenu à François Ier, dont les ornements sont en émail: leur travail les rend extrêmement précieuses. Au musée d'artillerie (1), on conserve une épée ayant appartenu à ce prince, dont la poignée est en croix, avec ornements d'or et d'émaux. Sur la garde, on lit en lettres émaillées :

Fecit potenciam (sic) *in brachio suo.*

On conserve aussi au Louvre un casque et un bouclier du XVIe siècle, en cuivre ciselé et émaillé.

§ VII.

Application de l'émail à la bijouterie.

On a fait au moyen âge un très-grand nombre de bijoux émaillés sur or, sur argent ou sur cuivre. Nous signalerons la bordure en émail d'un camée, faite en 1367, et conservée à la Bibliothèque royale; puis des colliers,

(1) N° 661.

des chapelets d'or et d'émail (1), des hanaps, des agrafes, des fermoirs, et mille autres petits objets très-recherchés par les princes et les seigneurs du moyen âge, et qui, par leur bon goût et leur délicatesse, font l'ornement de tous les cabinets d'amateurs.

§ VIII.

Application de l'émail à des ustensiles domestiques.

Nous trouvons dans l'*Histoire des Français* de M. Monteil, qu'au XVe siècle, on faisait des plats en fer et en cuivre, *émaillés à fleurs et à personnages*, et des assiettes armoiriées d'émail. Nous citons surtout ce fait comme étant le seul qui indique l'emploi du fer comme excipient.

On ornait aussi des manches de couteaux en émail.

M. Monteil cite un passage de manuscrit dans lequel il est dit :

(1) On en a fait surtout au XVIe siècle.

« A Thomas d'Orgeret, coustellier, pour « une paire de grands cousteaux à manches « d'yvoire et de cèdre, chascun à trois virolles « d'argent doré esmaillées... »

Et plus loin :

« Pour une paire de grans cousteaulx, à « manches de madre, esmaillés aux armes de « France... »

Ces deux citations se rapportent à l'année 1404.

§ IX.

Application de l'émail à la décoration des monuments.

Nous avons déjà dit que c'était un usage commun en Orient de décorer les maisons et les monuments de revêtements émaillés; en Espagne, comme nous le dirons un peu plus loin, cet usage était également très-commun; en France, il fut moins général, mais cependant on en trouve des exemples assez fréquents. Presque toujours les carreaux émaillés employés en France à la décoration des édifices constituent des pavages, et sont de deux sortes : vernissés (1) ou émaillés. On creusait légèrement dans le carreau, et on remplissait d'émail ou de vernis le creux formant le dessin : dans le cas où les carreaux sont vernissés, on appliquait d'abord au fond du creux une légère couche d'argile blanche, sur laquelle on vernissait, afin d'obtenir, par son secours, un fond blanc, et cacher la couleur naturelle de la poterie, que le vernis, étant vitreux, n'aurait pu voiler (2). Dans le cas où le carreau est émaillé, les ornements sont bien aussi placés dans de légers creux, mais l'opacité naturelle de l'émail dispense d'employer le fond d'argile. Il existait des pavages en carreaux vernissés ou émaillés, formant mosaïque, au château de Calleville (3), à la salle

---

(1) On appelle vernis un enduit vitreux, transparent et plombifère.

(2) Ce n'est que par extension que nous parlons ici des carreaux vernissés ; à vrai dire, ce ne sont pas des émaux.

(3) Voy. dans les *Archives de la Normandie*, par Du Bois, le Mémoire de M. Le Prévost, t. 1, pag. 109.

des gardes de l'abbaye de Saint-Étienne de Caen, à la chapelle de la cathédrale de Coutances, au chapitre de Bayeux, au sanctuaire de l'abbaye de Longues, au chapitre de Saint-Georges de Bascherville. A l'exception des deux derniers pavages, en partie conservés, tous les autres sont détruits. On a quelques détails sur le pavé de Calleville : les couleurs en sont très-brillantes; les ornements se composent d'entrelacs, d'animaux (lions rampants, cerfs passants, griffons, oiseaux), et de figures de blason ; le dessin est facile et correct.

Ducarel décrit ainsi (1) le pavage de la salle de Saint-Etienne, dite la grand'chambre des gardes : Ce pavage présente des échiquiers destinés à l'amusement des hommes de garde; on y remarque une rosace de dix pieds de diamètre, formant un labyrinthe si artistement contourné, qu'un homme, en suivant

---

(1) *Antiq. angl.-normand.;* Cf. aussi De la Rue, *Essais historiques sur Caen*, t. 2, pag. 25.

toutes ses sinuosités, peut faire plus d'un mille avant de revenir au point d'où il est parti. A côté de cette pièce il existe un autre pavé représentant des cerfs et des chiens les poursuivant. On regarde ces pavages comme étant du XIVe siècle.

La collection céramique de Sèvres renferme quelques carreaux de terre cuite vernissée, avec animaux, provenant de la galerie des chasses à Fontainebleau, bâtie sous saint Louis ; ces carreaux ont été retrouvés en 1835, dans le sol de cette galerie aujourd'hui détruite. On y voit aussi d'autres carreaux du même genre, ornés de rosaces ou d'animaux, provenant de l'abbaye de Voulton, près Provins, fondée par la reine Blanche.

A l'église de Saint-Etienne d'Agen, on a retrouvé aussi des pavés en terre cuite vernissée avec rosaces et oiseaux. Le musée de Sèvres possède encore des carreaux en terre vernissée provenant d'un château près de Cône ; ces carreaux, du XIVe siècle, offrent des fleurs de lis.

A l'époque de la renaissance, la mode des revêtements émaillés devint assez générale.

Aux XVe et XVIe siècles on avait l'usage, à Beauvais, de décorer l'extérieur des maisons de revêtements en carreaux de faïence ou en briques vernissées (1); aux châteaux d'Anet et de Madrid on revêtait également l'extérieur de ces édifices de brillants émaux (voy. le chapitre 18, pour ce dernier monument). Les églises de Gisors, de Longueville-la-Giffard, et de Berville en Roumois, conservent encore leurs pavages en carreaux émaillés du temps de la renaissance.

---

(1) Il existe encore à Beauvais deux maisons ainsi décorées : elles sont de la fin du XVe ou du commencement du XVIe siècle. M. Léon Vaudoyer a bien voulu nous communiquer le dessin qu'il en a fait et d'après lequel nous constatons que la façade de l'une de ces maisons est construite en bois et en briques émaillées en vert, en jaune et en rouge ; l'autre maison offre sur sa façade six panneaux de carreaux de faïence émaillée, dont le fond est rouge-brun, et les ornements, de toute espèce et variés à chaque carreau, sont en jaune * : dans certaines parties de cette façade on retrouve quelques compartiments en briques émaillées.

* Deux ou trois de ces carreaux ont pour ornements de petites figurines émaillées et en relief.

Bernard de Palissy exécuta pour le château d'Ecouen de nombreux émaux. Peiresc, qui avait visité ce château en 1606, le décrit ainsi : « La façade et les galeries étaient ornées de ces belles poteries inventées par maître Bernard des Tuileries. Le pavé d'une des galeries était en faïences dudit maître Bernard. »

La grande chapelle du château d'Écouen « est pavée de carreaux de terre cuite et émaillée de couleurs qui forment de grandes figures fort bien peintes » (1). Ces peintures, qui existaient encore en 1678, étaient sans doute de Bernard de Palissy.

Le XVIIe siècle vit s'éteindre l'usage des revêtements émaillés : le dernier exemple que nous puissions citer est le pavage de la bibliothèque du château de Thouars en Poitou : le musée de Sèvres en possède un carreau représentant une fleur de lis.

---

(1) Rapport fait à Colbert, sur la visite des anciennes églises et bâtiments de Paris et des environs, en 1678. — Mss. in-folio, 262, de la Bibliothèque royale.

CHAPITRE X.

DES ÉMAUX DE CONSTANTINOPLE
(ÉMAUX BYZANTINS PROPREMENT DITS).

Qu'il y ait eu des émailleries à Constantinople, c'est ce qui est hors de doute; mais, au delà de cette affirmation, rien n'est certain. Quand, comment, et par qui ont été instituées ces fabriques? quand ont-elles surtout fleuri? C'est ce qu'on ignore. Il est bien difficile de déterminer avec précision quels sont les émaux qui ont été faits à Byzance, et de les distinguer de ceux qui ont été faits à Limoges et en Italie à la même époque.

Nous n'essaierons pas de débrouiller cette partie de la question : il faudrait avoir visité l'Orient, et étudié sur place, pour pouvoir donner son opinion; nous ne savons même pas qu'un voyageur ait fait des recherches sérieuses sur ce sujet.

Tout ce que l'on sait se réduit à quelques textes, et surtout à des suppositions. M. Dusommerard possède une croix reliquaire trouvée dans les fondations de l'abbaye de Sainte-Radegonde de Poitiers; on la suppose faite en Orient, et envoyée par l'empereur Justin.

La croix pectorale d'or des évêques de Monza, où J. C. est peint en émail, est au moins du VIIIe siècle, et, selon M. Eméric David, a été faite en Grèce.

Basile le Macédonien (XIe siècle) se montra grand ami des arts, et parmi les ornements de toutes sortes, dit Constantin Porphyrogénète, qui décoraient ses palais, on voyait en divers endroits l'image de J. C. peinte en émail sur le métal.

On dit que le doge de Venise Orseolo commanda à Byzance le devant d'autel (*paliotto*) en or, enrichi de pierreries et d'émaux, de l'église de Saint-Marc.

Lorsque Constantinople eut été prise par les Turcs, des émailleurs de cette ville se réfugièrent en Russie, où ils portèrent leur industrie. On fabrique, en effet, à Moscou, encore aujourd'hui, de petits triptyques en cuivre émaillé, d'un style gothique grossier, sur lesquels est peinte l'image de la Vierge. Ces triptyques servent de chapelles portatives aux soldats russes. M. Dusommerard en possède quelques-uns dans sa collection.

Ces émaux russes forment un véritable appendice aux émaux grecs, dont ils ont tous les caractères.

Constantinople a conservé cependant quelques émailleries; on y fait encore quelques jolis ornements en émail pour les pipes, et même de petits vases, tels que des tasses.

Malgré nos recherches, nous avons trouvé peu de choses à dire sur les émaux de Constantinople. Nous savons bien que notre travail est incomplet; toutefois nous avons la certitude que jamais Byzance n'eut la célébrité de Limoges, et que c'est à la confusion introduite par l'emploi du mot *byzantin*, que Constantinople a dû cette importance factice qui a fait presque oublier pendant un temps la célébrité réelle de Limoges.

CHAPITRE XI.

DE L'EMAIL EN ESPAGNE (1).

Introduit par les Arabes en Espagne, l'art du fabricant de zulaja se répandit chez les chrétiens de ce pays. La loi du prophète, qui interdit aux croyants de représenter des hommes ou des animaux, n'était pas là pour empêcher les artistes chrétiens de peindre sur les azulejos des sujets d'histoire. Aussi des fabriques d'azulejos destinés à repro-

(1) Voy. la section 2 du chapitre 8.

duire des sujets historiques ou légendaires s'établirent-elles de bonne heure à Valence; aujourd'hui même cette ville fournit à toute l'Espagne presque tous les azulejos employés dans la décoration des édifices.

Les artistes espagnols définissent ainsi le mot *azulejo* : petites briques carrées, à couches vitrifiées ou émaillées sur un côté, peintes de diverses couleurs. En joignant ces briquettes, elles forment toutes sortes de dessins ou de figures, avec lesquels on orne les parois des corridors, des pièces, ou les pavés d'un monument ou d'une simple habitation.

Ce mode de décoration est considéré en Espagne comme un objet de luxe, et en même temps d'indispensable nécessité, comme on le voit par le dicton castillan :

No hava casa con azulejos
(Il ne bâtira pas sa maison avec des azulejos);

ce qui peut s'interpréter ainsi : Il fait de si folles dépenses qu'il ne pourra pas parvenir à décorer sa maison avec des azulejos.

En France, on les nomme briquettes en faïence ;

En Castille, *azulejos*, *alizares*, *alizeres* ;

En catalan, *rajoles*, mot pris de l'effet que produit cette faïence rayonnante : de là l'adjectif catalan *rajolench*, ou *rayolench-cha*, rayonnant-te.

Ces briquettes, sur lesquelles, en les rapprochant l'une de l'autre, on représentait toutes sortes d'ornements, de figures, de sujets d'histoire ou de sainteté, étaient peintes en *azul* (bleu oriental ou outre-mer), dans les premiers temps, et c'est de là, dit-on, qu'elles tirent leur nom d'azulejos. Plus tard, on a varié les couleurs, comme pouvaient le faire les peintres sur leur palette.

C'est à Valence, avons-nous dit, que se sont développées ces fabriques ; et encore de nos jours cette ville approvisionne l'Espagne.

Ceux qui ont visité la péninsule hispanique ont pu admirer les belles peintures fixées sur azulejos, et cimentées sur les parois des cloîtres, ou bien à l'intérieur et à l'extérieur des maisons particulières. Il n'y a pas de maison à Valence et dans toute l'Andalousie, il en est peu en Catalogne et aux îles Baléares, qui n'aient des azulejos employés comme ornement ou comme objet d'utilité. Il existe des appartements revêtus entièrement, excepté au plafond, de ces briquettes peintes.

L'Escurial et l'Alcazas de Tolède ont été aussi décorés, au XVIe siècle, de revêtements en azulejos historiés.

Au couvent de la Merced, à Barcelone, il y a une suite d'azulejos peints dans les premiers temps de la renaissance, d'après les cartons d'artistes espagnols, représentant les victoires de Jacques Ier le Conquérant : les entourages qui les décorent sont d'un travail admirable. On voit encore à l'île Maïorque, à Vall-de-Massa, un délicieux carrelage en azulejos modernes : rien ne peut donner l'idée de la fraîcheur et du bon goût de ces peintures.

Mais aujourd'hui ces vieilles peintures sur

briques sont menacées par la révolution (1); on détruit tous les monuments qui rappellent *les temps de barbarie*, et déjà les baïonnettes de la garde nationale ont mutilé les azulejos de la Merced, détruit en entier celles qui couvraient les murailles des couvents de Sainte-Catherine et de Saint-François, etc. (2).

(1) On conserve à Sèvres des tableaux en azulejos (de Valence), du couvent de Saint-François de Barcelone, exécutés au XVIIe siècle: ceux qui se font aujourd'hui sont assez grossiers.

(2) Nous devons à l'amitié de M. Tastu tous les renseignements qui nous ont permis de rédiger ce chapitre.

CHAPITRE XII.

DE LA PEINTURE SUR ÉMAIL EN ALLEMAGNE ET EN FLANDRE.

Au XVIe siècle, on fit en Allemagne une assez grande quantité d'émaux sur cuivre; ces émaux sont faciles à reconnaître par les caractères du dessin, et parce que les pierreries, fort nombreuses, sont obtenues par des repoussés du métal, coloré suivant la couleur de la pierre qu'on veut représenter. Nuremberg (?) paraît avoir été le centre de cette fabrication.

On a fabriqué aussi dans cette ville, et surtout en Flandre, pendant les XVIe et XVIIe

siècles, un grand nombre de vases et de pots en grès ornés d'émaux-reliefs.

Les verreries allemandes émaillées sont très-nombreuses à partir du XVIIe siècle. La belle collection de MM. Mention et Wagner (1) renfermait une suite intéressante de vidercomes avec peintures émaillées, la plupart portant des dates. La plus ancienne est l'année 1595; la plus moderne, 1688. Quelques-uns de ces vidercomes sont ornés d'armoiries : les écussons des maisons de Gotha, de Cobourg, de Brandebourg et de Saxe, se rencontrent assez fréquemment. Quelques-uns sont ornés de sujets historiés : l'un représente l'empereur sur son trône, entouré des électeurs d'Allemagne; l'autre, une montagne du Harz et les fleuves qui en découlent; un troisième, l'empereur à cheval, avec les électeurs de Saxe et de Mayence, etc.

---

(1) Cf. le Catalogue, in-4°; Paris, 1838, pag. 35.

CHAPITRE XIII.

DE LA PEINTURE SUR ÉMAIL EN ITALIE.

Nous ne saurions admettre, avec quelques antiquaires, l'opinion d'après laquelle on n'aurait pas fabriqué d'émaux en Italie; un trop grand nombre de faits sont là pour affirmer le contraire.

Il se peut que les fabriques d'émaux qui ont existé en Italie à l'époque de la domination romaine aient persisté pendant le moyen âge; et au lieu de regarder comme byzantins les émaux italiens, nous devrions, au contraire, les restituer à leur véritable patrie.

Nous n'hésiterons pas à regarder comme un des premiers produits des émailleries italiennes au moyen âge la couronne du roi lombard Agilulf (600), qui portait une inscription dont les lettres étaient émaillées en bleu.

Au IXe siècle, les faits s'accumulent. Ce que nous savons de la couronne d'or de Charlemagne (aujourd'hui à Vienne), sur laquelle existent quelques incrustations émaillées, nous fait croire que cette couronne a été émaillée en Italie. Il en est de même de l'épée dite de saint Maurice, conservée à la basilique ambroisienne de Milan.

Le paliotto, ou devant d'autel de la même basilique (835), est composé de lames d'or et d'argent repoussées, à sujets de figures en relief, représentant la vie de saint Ambroise, et enrichies de pierreries et d'émaux. Ce précieux monument porte avec lui la preuve de son origine : c'est le nom tout occidental de l'artiste qui l'a exécuté (1).

V. Volvinius magister phaber.

Dans le Xe siècle, un moine lombard, Théophile, écrivit sur l'art d'émailler les vases d'argile et de verre, et en décrivit les procédés dans un ouvrage inséré aux Mémoires d'histoire et de littérature tirés de la bibliothèque du duc de Wolfenbuttel, où il est imprimé sous le titre de *Diversarum artium schedula.*

Mais à partir de cette époque, il nous faut arriver jusqu'au XIVe siècle pour retrouver quelques faits relatifs à l'histoire de la peinture sur émail en Italie.

En 1338, un orfévre siennois, appelé Ugolino Veri, orna, dit-on, de huit plaques émaillées un reliquaire qui se trouve aujourd'hui à la cathédrale d'Orvieto. Ce reliquaire, selon quel-

(1) Voy. la belle planche de l'ouvrage de M. Dusommerard, qui représente ce paliotto.

ques auteurs, n'est pas exécuté d'après l'ancien procédé d'incrustation : il est réellement peint en émail, avec des couleurs étendues, et non plus encaissées dans les creux du métal (1).

Nous devons cependant ajouter à cette opinion celle de M. Dusommerard, qui nous paraît digne d'attention. Ce reliquaire est invisible, on ne le montre à personne ; cependant, le cardinal qui garde ce précieux objet a dit à M. Dusommerard que les émaux de son reliquaire étaient faits d'après l'ancien procédé, et la circonstance d'un évêque d'Orvieto (à cette époque), né à Limoges, ferait croire au savant archéologue dont nous parlons que Veri aurait pu exécuter le reliquaire et le revêtir d'émaux limousins.

Dans ce même siècle, Vasari parle d'un orfévre émailleur très-célèbre, Forzore d'Arezzo. Ses émaux sur argent étaient très-recherchés (2).

(1) Pottier, texte des *Monum. fr.*, t. I, pag. 22.
(2) Cf. Vasari, *Vie d'Agostino*.

Au XVe siècle, Antoine Pollaiuolo, orfèvre florentin (1460-1498), exécuta plusieurs patènes en or émaillé, que l'on regarde encore aujourd'hui comme des chefs-d'œuvre (1).

Au XVIe siècle, nous avons encore quelques faits curieux à citer pour prouver que la peinture en émail était généralement cultivée en Italie; nous pouvons d'abord citer les majolicas, auxquelles nous consacrerons un chapitre spécial; puis nous indiquerons divers faits moins connus. Ainsi, on conserve à Sèvres un vase en grès émaillé, dont les ornements, du style dit de la renaissance, indiquent la date et la patrie, c'est-à-dire le XVIe siècle et l'Italie. Ce vase est le seul que je connaisse encore de ce genre; mais il peut se faire que des recherches ultérieures en fassent découvrir d'autres.

On peut citer comme peintres en émail italiens du XVIe siècle maître Roux et François

(1) *Biographie universelle.*

Francia. Nous citons les textes qui leur sont relatifs.

François Francia, peintre bolonais, émule de Raphaël, a commencé sa carrière dans les arts, d'abord comme orfévre, puis il se fit peintre en émail sur métaux, et enfin graveur de coins pour les médaillons. Il mourut en 1518 (1).

L'abbé Guilbert (2) rapporte que *maître Roux* (il Rosso) avait orné la galerie de François Ier de deux médaillons de cuivre émaillé de *sa main*, que le Primatice, poussé par une basse jalousie, aurait fait détruire.

Benvenuto Cellini exécuta des bijoux émaillés pour François Ier, et ces bijoux paraissent avoir joui d'une grande célébrité.

Au XVIIe siècle, nous avons à nous occuper des émaux de Venise. Ces émaux sont des vases, coupes, verres, aiguières, enfin mille

---

(1) *Dictionnaire historique.*

(2) *Description du bourg et château de Fontainebleau*, t. 2, pag. 87.

objets de verrerie avec des filets d'émail appliqués par incrustation. La délicatesse, la grâce et la régularité de ces beaux émaux sont sans égales.

De nos jours, on les a imités à la manufacture de Choisy-le-Roi ; mais on n'a pas encore atteint leur perfection.

Depuis le XVIIe siècle, nous ne connaissons ni textes ni monuments qui prouvent que l'on ait continué à peindre en émail ou à fabriquer des objets émaillés en Italie. Tout ce que l'on peut dire, c'est que Counis, dans les premières années de ce siècle, fut appelé de France par la grande duchesse de Toscane.

CHAPITRE XIV.

SUR LES FABRIQUES DE FAÏENCE DITES DE FAENZA.

On prétend que, dès l'an 1300, il existait à Faenza des fabriques de faïence; mais ce n'est qu'au XVe siècle que les produits de ces manufactures furent ornés de peintures remarquables ; on dit, mais à tort, que ce fut Luca della Robbia qui imagina de peindre ces faïences.

Quoi qu'il en soit, dès la fin du XVe siècle il existait des fabriques de faïence dans plusieurs villes de la Romagne, telles que Faenza,

Urbino, Gubio, Forli, Bologne, Ferrare, Ravenne, Pérouse, Florence, Pise, Sienne, Rimini, Asciano, Spello, Cita-Castellaña, Castel-Durante et Pesaro; on y faisait des vases, des plats, des plateaux, des médaillons, des coupes, des aiguières, des compartiments pour des carrelages, etc. Les peintures de ces pièces de faïence, la plupart très-remarquables, représentant des sujets bibliques ou mythologiques, étaient exécutées d'après les dessins des grands peintres italiens de l'époque, surtout d'après ceux de Raphaël.

Ces poteries sont encore connues sous le nom de *majolica,* parce qu'on prétend que les fabriques de Faenza tirent leur origine de celles de l'île Majorque.

Nous avons retrouvé, dans les collections de Sèvres et du Louvre, que l'on a mises à notre disposition avec une obligeance infinie, les noms de quelques-uns des artistes qui peignirent ces majolicas. Un plat (à Sèvres) de 1487, représentant le Christ en croix, et un autre plat de 1527, portent le nom de

Marco Giorgio, de la ville de Gubio. Au Louvre, un plat de Faenza, du XVIe siècle, porte le nom de Guido Selvaggio (n° 2,215, collection Durand); un autre plat (n° 2,201), représentant David et Goliath, est dû à Guido Durantino d'Urbin; un autre plat (n° 2,216) porte le nom de Francesco Xanto, de Rovigo, qui le peignit à Urbin en 1531. Nous avons trouvé, sur un plat du Louvre (n° 2,230), le monogramme de cet artiste ainsi représenté: *Frà : X. R.*, avec la date de 1535 (1).

On cite encore parmi ces artistes : Frédéric Brandini à Urbin, Orazzio Fontana et son frère Flaminio, qui vécurent de 1500 à 1540, le premier à Castel-Durante, et le second à Florence, Raphaël Ciarla et Raphaël della Colle, Taddeo Zuccaro, et Batista Franco, à Pesaro (2).

---

(1) C'est sans doute une mauvaise interprétation de quelque inscription de ce genre, qui a fait croire à M. Castellan qu'il y avait un peintre à Urbin appelé Rovigo.

(2) Ce sont ces deux Raphaël qui ont été confondus avec Raphaël Sanzio, regardé quelquefois, mais à tort, comme ayant peint sur majolica.

Ces artistes firent un grand nombre de pièces et de services de tables pour les rois et les seigneurs; on cite surtout les services exécutés par Flaminio pour Charles-Quint et Philippe II (1).

Vers 1574, privé de la protection du duc d'Urbin Guidobaldo, l'art du peintre en majolica se perdit, mais seulement dans le nord de l'Italie; il se perpétua, en effet, dans le royaume de Naples : ce fait, peu connu, est attesté par plusieurs pièces en majolica rapportées de Naples par le duc de Luynes, et données par lui au musée de Sèvres. Ces pièces sont ornées de fort belles peintures, et l'une d'elles est ainsi signée : D. Grue P. Ces majolicas sont évidemment du XVIIe siècle.

---

(1) Voy. Passeri, *Stor. dell. pitt. in majol.*

Liste alphabétique des peintres de majolica.

NOMS.	RÉSIDENCE.	DATES.
Batista Franco.	PESARO.	16e siècle.
Flaminio Fontana.	FLORENCE.	1500-40.
Francesco Xanto de Rovigo (Frà : X. R.)	URBIN.	1531-1535.
D. Grue.	NAPLES.	17e siècle.
Guido Durantino.	URBIN.	16e siècle.
Guido Selvaggio.	FAENZA.	16e siècle.
Marco Giorgio.	GUBIO.	1487-1527.
Orazzio Fontana.	CASTEL-DURANTE	1500-40.
Raphaël Ciarla.	PESARO.	16e siècle.
Raphaël della Colle.	PESARO.	16e siècle.
Taddeo Zuccaro.	PESARO.	16e siècle.

CHAPITRE XV.

SUR LES FAÏENCES ÉMAILLÉES DE NEVERS.

C'est vers 1604, selon de Thou, que furent établies à Nevers, par un personnage de la suite du duc de Gonzague, les fabriques de faïence de cette ville. Les produits de ces fabriques imitaient, mais grossièrement, ceux de Faenza : on retrouve en eux une affectation des formes, des sujets et des couleurs des artistes italiens; mais les peintures des compositions qui décorent ces vases sont grossièrement exécutées; quelquefois les faïences de Nevers portent des inscriptions françaises.

Les traditions de Nevers conservent le souvenir d'un fabricant appelé *Custode*, qui vivait vers 1650, et qui a exécuté les faïences imitant le plus celles de Faenza. On conserve à Sèvres une grande bouteille de ce fabricant, qui caractérise très-bien les produits de l'industrie nivernaise de ce temps.

Au siècle suivant, la tradition parle de Jacques Senlis, fabricant de Nevers; le musée de Sèvres conserve un bidon en faïence décorée d'ornements peints en bleu, et sur ce bidon on trouve le monogramme suivant:

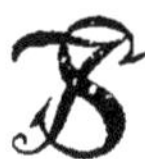

qui est celui de Jacques Senlis.

Depuis, on a continué de fabriquer à Nevers de la faïence, mais elle n'a plus aucun caractère artistique.

CHAPITRE XVI.

SUR LES FAÏENCES ÉMAILLÉES DE HOLLANDE.

Les Hollandais furent les premiers qui cherchèrent à imiter, au moins en apparence, la porcelaine chinoise : ils n'arrivèrent qu'à fabriquer une faïence commune; mais ils surent décorer leurs produits de si belles peintures ou de si riches ornements qu'ils en firent par ce moyen des objets d'art fort recherchés aujourd'hui, et de grande valeur.

Les principales manufactures de faïence émaillée de la Hollande sont celles de Delft, et leur origine remonte au moins au XVIIe siècle (1). Elles acquirent tant d'importance que La Martinière (2) s'exprimait ainsi en parlant d'elles : « La fabrique des faïences de Delft l'emporte de beaucoup sur les autres faïences de l'Europe, et elle imite assez celles de la Chine et du Japon qu'on appelle communément *porcelaines.* »

Nous avons rassemblé ici tous les monogrammes de fabricants ou d'artistes (3) qui se trouvent sur les faïences d'ancien Delft; des recherches ultérieures donneront sans doute des résultats plus importants; mais il nous a paru à propos d'appeler l'attention des amateurs sur cette question (4).

Un pot (nº 5,572) peint en bleu, et orné de sujets champêtres, est signé (voy. fig. 1); un

---

(1) Cependant, la date la plus ancienne que nous sachions inscrite sur ces faïences est celle de 1712. — Plat nº 5,568 du musée de Sèvres.

(2) *Dictionnaire de géographie*, au mot DELFT.

(3) La question est douteuse.

(4) Tous les objets dont nous parlons sont au musée de Sèvres.

autre pot (n° 4,152), avec ornements en bleu, porte le monogramme représenté à la fig. 2. Une assiette, peinte en bleu (n° 5,769), est signée K. V. K., et porte la date de 1731.

Une soucoupe (n° 5,979), imitant assez grossièrement Faenza, représente une vue de château, et est signée H. F. — Deux assiettes (n°s 5,977 et 5,978), imitant également Faenza, mais d'un beau style, représentent, la première une chasse, et la seconde un sujet champêtre : toutes les deux sont signées H. F.

La plus belle pièce que possède le musée de Sèvres est une assiette (n° 3,010) représentant un paysage de Berghem ; la pureté du dessin et l'éclat des couleurs font de cette pièce un objet d'art fort remarquable. Elle porte le monogramme représenté à la fig. 3.

Nous avons dit en commençant que les fabricants de Delft imitaient surtout les porcelaines du Japon et de la Chine : les faits suivants justifient cette assertion,

Une théière, décorée dans le style chinois,

porte le monogramme (voy. fig. 4), qui est le même que celui représenté au n° 1.

Un porte-huilier (n° 4,134), décoré dans le style chinois, est marqué de la même façon que le n° 1.

Un pot en forme de botte (n° 7,662), décoré en bleu dans le style chinois, d'une façon très-élégante, est signé B. K.

Un plat (n° 5,981), avec ornements en bleu, est signé B. F. S.

Un seau (n° 4,546), décoré de sujets chinois, porte la signature H.

Sur une assiette (n° 4,154), décorée dans le style chinois, on trouve le monogramme représenté à la fig. 5. Sur un sucrier en forme de grappe de raisin (n° 5,573), est inscrit le monogramme représenté au n° 6. Un moutardier (n° 4,135), de style chinois, porte le monogramme n° 7. Un compotier (n° 4,153), également de style chinois, et en forme de coquille, porte le monogramme n° 8. Un plat octoganal (n° 5,985) porte le monogramme n° 9. Enfin, sur une assiette (n° 5,980), également de style chinois, se trouve le signe suivant : $\frac{\text{D.}}{\text{18.}}$

Nous espérons qu'on nous pardonnera l'aridité de ce chapitre, en raison de la nouveauté du sujet, et du manque absolu de détails. Il serait bien à désirer qu'on étudiât la question à Delft même, et qu'on recherchât les origines et l'histoire d'une aussi belle industrie.

Tableau des monogrammes des artistes ou des fabricants de Delft.

K. V. K. — H. F. — B. F. S. — H — $\frac{\text{D}}{\text{18.}}$

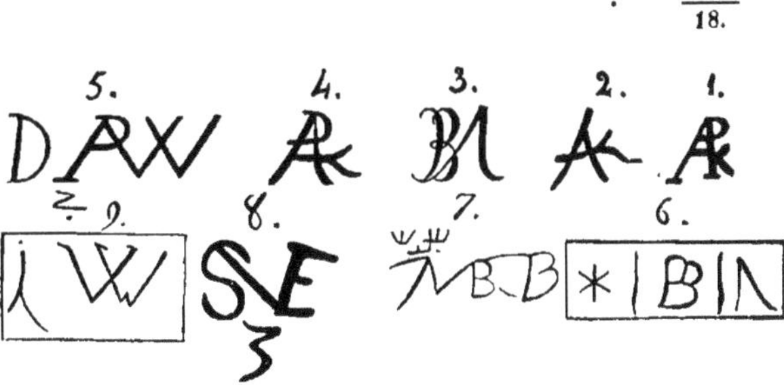

CHAPITRE XVII.

DE LA POTERIE AZURÉE DE BEAUVAIS.

Puisque le sujet nous amène à parler des poteries émaillées, il nous semble bon de nous arrêter un instant sur la poterie azurée de Beauvais. Ce que l'on sait sur cette poterie, c'est qu'elle était en grande réputation aux XVe et XVIe siècles; Rabelais en parle à plusieurs reprises, comme d'une chose célèbre et bien connue; les *painctres et potiers de terre* de Beauvais sont mentionnés avec éloge dans les chroniques du XVIe siècle. Les bourgeois de Beauvais avaient l'usage d'offrir des pro-

7

duits de leur industrie aux rois de France lorsqu'ils passaient dans cette ville (1). Plusieurs maisons de Beauvais étaient ornées, sur toute leur façade, d'un revêtement émaillé : il en existe encore deux ainsi décorées à Beauvais (2). Loisel (3) dit que de son temps les fabriques de Beauvais fournissaient l'Angleterre et les Pays-Bas.

Après tant de documents, croirait-on que l'on ne sait pas encore ce que c'est au juste que la poterie de Beauvais ! Pour nous, d'accord avec M. Riocreux, la poterie azurée de Beauvais est une poterie de grès émaillé en bleu ; et une bonne partie des grès dits de Flandre ne sont autres que des grès de Beauvais. C'est ainsi que sur un pot de forme agréable, et décoré avec goût, faisant partie de la collection de M. Préault, et regardé comme un grès de Flandre, nous avons con-

---

(1) On en offrit à Louis XII et à François Ier.

(2) Voy. pag. 65.

(3) Mémoires sur Beauvais.

staté des fleurs de lis nombreuses, la date de 1592, et les initiales I. M. Ce vase est évidemment de cette fabrique de Beauvais.

Ce qui sert de base à notre raisonnement, c'est que la fabrication des poteries de grès est très-active encore aujourd'hui à Saveignies et à Beauvais, et que les traditions du pays, en rappelant que Jésus-Christ et saint Pierre visitèrent les fabriques de grès du Beauvoisis, nous attestent au moins l'antiquité de cette industrie, et que, constatant ainsi son existence avant et après le XVIe siècle, rien ne s'oppose à ce qu'elle ait existé pendant le XVIe, et que d'ailleurs tous les caractères donnés à cette poterie azurée conviennent très-bien à une foule de vases de grès bleu attribués à tort à l'industrie flamande (1).

(1) Il n'y a pas eu, d'ailleurs, que Beauvais qui ait eu en France des fabriques de grès à cette époque : Bayeux en possédait aussi. — Cf. Pluquet, *Essai historique sur Bayeux*, ch. 29.

CHAPITRE XVIII.

SUR LES BAS-RELIEFS ÉMAILLÉS DES DELLA ROBBIA (1).

Au XVe siècle, Florence voyait naître un nouveau genre d'émaux. Luca Della Robbia, habile sculpteur, et déjà célèbre par les travaux qu'il avait exécutés en 1405, à Santa-Maria-del-Fiore, ayant récapitulé, dit Vasari,

---

(1) Liste des émailleurs de la famille Della Robbia :

Luca, né à Florence en 1388, meurt en 1450.
Agostino, son frère, travaille à Pérouse, et meurt en 1465.
Ottaviano, son frère.
André, fils d'Agostino, né en 1444, meurt en 1528.
Jérôme, fils d'André, né vers 1485, meurt après 1553.
Luca, son frère, meurt avant 1553.

les profits et les peines que lui demandaient ses travaux, résolut de chercher quelque métier plus lucratif. Il pensa que, la terre se travaillant plus facilement que le marbre, il lui serait possible de faire de la sculpture en terre, et qu'il fallait seulement trouver un moyen susceptible de conserver longtemps les ouvrages de ce genre. Après de nombreux essais, il parvint à donner à ses sculptures l'éclat et la dureté du marbre, en les recouvrant d'un émail composé d'étain, d'antimoine, et d'autres minéraux fondus au feu.

Bientôt il fit une *Résurrection* et une *Ascension du Christ* à Santa-Maria, lesquelles œuvres excitèrent l'admiration générale; puis, non content de revêtir d'un émail blanc ses sculptures, il les recouvrit d'émaux de diverses couleurs, et revint ainsi à la sculpture polychrôme.

Pierre de Médicis chargea Luca de revêtir de terres cuites coloriées la voûte et le plancher d'un cabinet de son palais. Cette pièce, dit Vasari, est d'une grande fraîcheur pendant l'été ; la voûte et le plancher paraissent formés d'un seul morceau, et la perfection de ce travail est au-dessus de tout éloge.

La renommée de ces ouvrages se répandit dans toute l'Italie, et même hors de ce pays ; il s'en fit bientôt un commerce tellement considérable, que Luca, ne pouvant plus suffire aux commandes qui l'assaillaient de toutes parts, détermina ses frères Ottaviano et Agostino à se joindre à lui. Ces trois artistes exécutèrent un nombre considérable de bas-reliefs, dont Vasari donne la description. Après eux, Andrea continua leurs travaux, et, après lui, ses fils Luca et Girolamo (Jérôme) furent de très-habiles émailleurs.

Ce dernier vint en France vers 1530. A cette époque, François Ier faisait construire le château de Madrid, au bois de Boulogne : Girolamo fut chargé de décorer cet édifice (1).

---

(1) Voy. *Notice sur le château de Madrid*, par M. Vau-

« Trois de ses façades, et même les tuyaux extérieurs des cheminées, brillaient des plus beaux ornements, imités de l'antique, exécutés en terre cuite et émaillée. Ces émaux étaient distribués avec goût dans toutes les parties du château... Ces ornements étaient de grande dimension, et avaient le relief de la sculpture (1). En 1792, le château de Madrid fut vendu, dépouillé et brûlé; quant aux émaux, on les vendit à un paveur pour en faire du ciment (2).

Après avoir fait à Orléans et dans tout le royaume de nombreux ouvrages en terre, Girolamo, riche et renommé, retourna dans

---

doyer, bien qu'elle contienne plusieurs erreurs sur les émaux.

(1) Notice de M. Vaudoyer. Il paraît que ce genre de décoration, d'un effet si agréable, et qui rappelait la décoration des temples antiques, fut alors à la mode; Bullant employait aux Tuileries des ornements en émaux-reliefs de couleur.

(2) Il en reste de rares débris à Madrid même, chez le sieur Borne, qui a recueilli ces fragments, et les a encastrés dans le mur de son petit jardin.

sa patrie; mais, le duc Côme le négligeant, il revint mourir en France (1).

En 1565, l'art des Robbia se perdit à la mort de Santi Buglioni, héritier des secrets de cette famille (2).

---

(1) Girolamo reçut, en 1532, une pension de François Ier, et porta le titre d'émailleur du roi. — Cf. Catalogue des archives Joursanvault, n° 827.

(2) Voy. Vasari, *Vie de Luca Della Robbia;* Seroux d'Agincourt; Dissertation de don Marquez et d'Onofrio Boni.

CHAPITRE XIX.

BERNARD DE PALISSY ET SES RUSTIQUES FIGULINES.

Bernard de Palissy naquit vers le commencement du XVIe siècle, dans l'Agénois, où sa famille existe encore (1). Habile arpenteur, peintre sur verre, inventeur des rustiques figulines, ou poterie du roi et de la reine sa mère, et de M. le duc de Montmorency; chimiste, physicien et professeur de physique,

(1) Cf. *Biographie universelle.*

naturaliste et paléonthologiste supérieur à son temps. et, comme le dit Lacroix, du Maine, philosophe naturel, et homme d'un esprit merveilleusement prompt et aigu, Bernard de Palissy est l'un des hommes les plus éminents du XVIe siècle.

Nous ne pouvons nous occuper de lui dans ce travail que comme fabricant de rustiques figulines, et pour cela nous devrions peut-être citer son *Traité sur l'art de la terre*, car donner des extraits de ce petit livre si parfait est bien insuffisant. Nous aimons mieux y renvoyer, nous contentant de dire ici ce qui est strictement nécessaire à notre travail.

C'est vers 1543 que Bernard se mit à rechercher la composition des émaux; et jusqu'en 1555 il y travailla avec une ardeur et une persévérance admirables.

Il lui fallut faire des essais infinis, bâtir des fourneaux, recommencer cent fois, malgré la misère et les querelles de sa femme, qui lui reprochait de renoncer à la peinture sur verre pour faire des folies. A la veille de réussir, il lui survint un autre malheur : « qui est que, le bois m'ayant failli, dit-il, ie fus contraint brusler les estapes qui soustenoient les tailles de mon jardin, lesquelles estant bruslées, ie fus contraint brusler les tables et plancher de ma maison. » Ce malheureux, *tari et deseiché* par la chaleur, était accusé de folie, de chercher à faire de la fausse monnaie. Enfin il parvint, en 1555, à faire des bassins rustiques, c'est-à-dire ces plats ornés de divers animaux (lézards, serpents, écrevisses, tortues et cancres), sculptés et peints en émail d'une manière si admirable.

Il était temps, il allait mourir à la peine : « Il n'y avait, dit-il, aucune forme ni apparence de bosse aux bras ny aux iambes : ains estoyent mesdites iambes toute d'une venue : de sorte que les liens de quoy i'attachois mes bas de chausses estoient soudain que ie cheminois sur les talons avec le résidu de mes chausses. » Et on concevra cette effroyable maigreur quand on saura que ce malheureux ouvrier, méprisé et moqué de tous, tourmenté de la misère de sa femme et de ses enfants, obligé de travailler à l'air, par la gelée, la pluie et les vents, avait à peine de quoi manger. « I'ay esté, dit-il, plusieurs années que, n'ayant rien de quoy faire couvrir mes fourneaux, i'estoys toutes les nuits à la mercy des pluyes et vents, sans avoir aucun secours, aide ny consolation, sinon des chats-huants qui chantoyent d'un costé, et les chiens qui hurloyent de l'autre. » Et ce qui achève de peindre cet homme et cette volonté de fer, c'est ce dernier trait : « Toutefois, l'espérance que i'avois me faisoit procéder en mon affaire si virilement, que plusieurs fois, pour entretenir les personnes qui me venoyent voir, ie faisois mes efforts de rire, combien que intérieurement ie fusse bien triste. »

Le sire de Boisy, grand écuyer de France, paraît avoir été son premier protecteur, et, après lui, le connétable de Montmorency. Bernard était protestant : la persécution de 1562 faillit lui devenir funeste ; il fut jeté en prison, et son atelier, construit aux frais du connétable, fut démoli; il eût été mis à mort si le connétable n'eût intercédé pour lui auprès de Catherine de Médicis, qui obtint de Charles IX la vie et la liberté du potier protestant. Faujas de Saint-Fond, éditeur des œuvres complètes de Bernard, pense que ce fut alors que le roi lui donna le brevet d'inventeur des rustiques figulines du roi et du connétable, pour le soustraire à la juridiction du parlement de Bordeaux.

Il vint, en effet, à Paris, et y fut logé aux Tuileries : c'est de là qu'il prit le nom de Bernard des Tuileries; on dit même qu'il en fut le gouverneur.

Ce fut alors qu'il publia ses divers écrits, fruit des nombreux voyages qu'il avait faits dans sa jeunesse, qu'il créa un magnifique cabinet d'histoire naturelle, dans lequel il donna des leçons de physique; mais la Ligue vint l'arracher à ses travaux. Henri III le visita dans sa prison, et l'engagea à changer de religion : « Sire, répondit-il, vous et tous ceux qui vous contraignent, ne pourrez jamais sur moy, parce que ie sçay mourir. »

Le duc de Mayenne, en retardant son procès, espérait le délivrer ; mais Bernard finit sa brillante carrière dans sa prison, vers 1589.

Nous tirons de son ouvrage sur l'art de la terre (1) ce qu'il dit sur les matières dont il se servait pour composer ses émaux.

« Les esmaux de quoy je fait ma besongne sont faits d'estaing, de plomb, de fer, d'acier, d'antimoine, de zaphre (*préparation de cobalt*), de cuivre, d'arène, de salicort, de cendre gravelée, de litharge, de pierre de Périgord (*manganèse*). »

Seulement il ne donne pas les doses ; il veut qu'on les cherche, afin que la science ne tombe pas en mépris ; et puis, dit-il, parce qu'il ne veut pas donner si légèrement un

(1) Voy. *OEuvres complètes de Bernard de Palissy*, publiées par Faujas de Saint-Fond, 1 vol. in-4°.

secret qu'il avait eu tant de peine à trouver lui-même.

Les rustiques figulines en terre sigillée (1) de Bernard de Palissy ornent presque tous les cabinets des amateurs, après avoir décoré jadis les dressoirs ou buffets des grands seigneurs.

Outre ces figulines, Bernard de Palissy a encore exécuté de nombreux médaillons, vases et carrelages en faïence pour les châteaux d'Écouen (2), de Saint-Germain et de Reux, en Normandie. Il n'a pas contribué à la décoration du château de Madrid, comme on l'a dit quelquefois (3), car ce château a été décoré avant que Bernard ne se soit occupé d'émaux; et ce qui reste des débris des carreaux émaillés de ce *palais de faïence* ne présente aucun des caractères des œuvres de

---

(1) *Figuline*, ouvrage en terre; *figulus*, potier de terre.

(2) Voy. page 66.

(3) Voy. pages 102 et 103.

Bernard. Il est souvent question des grottes ou cabinets de verdure ornés de rustiques figulines, exécutés par Bernard de Palissy : il paraît en avoir exécuté un dans le parc du château d'Écouen ; on peut lire la description qu'il donne lui-même, dans son traité du *Jardin délectable*, de ces grottes rustiques.

Pour terminer ce qui regarde les émaux de Bernard de Palissy, nous avons à dire que notre conviction est que Bernard n'est pas le seul auteur de tous les émaux qu'on lui attribue. Nous croyons que Bernard a eu des continuateurs, et notre opinion semblerait justifiée par le passage suivant, tiré de l'histoire du palais de Fontainebleau, par le P. Dan (1).

Le père Dan rapporte que le roi Louis XIII, par lettres patentes du mois de mars 1640, autorise un sieur Antoine Clerici, *ouvrier en*

---

(1) *Trésor des merveilles de Fontainebleau*, in-4°, 1742, liv. 4, ch. 3, pag. 338.

terre sigillée, à fonder non loin du château, sur un terrain dépendant de la seigneurie du Monceau, touchant au parc de la Couronne, une verrerie royale, avec privilége de fabriquer des verres, miroirs, glaces, et autres ouvrages de verrerie, de les vendre et distribuer par tout le royaume, et même de les exporter; ajoutant qu'à la date où il écrivait (1642), ledit sieur Clerici faisait des vases de cristal des plus beaux et des plus fins qui se fissent partout ailleurs, ainsi que des ouvrages en *terre sigillée* (1).

La qualification d'ouvrier en *terre sigillée*

(1) Nous devons cette communication importante à M. Riocreux, conservateur du musée de Sèvres. A ce musée, la statuette en terre émaillée connue sous le nom de la nourrice de François Ier, et attribuée à Bernard de Palissy, est signée de deux B. Est-ce le monogramme de Bernard? nous en reproduisons la figure.

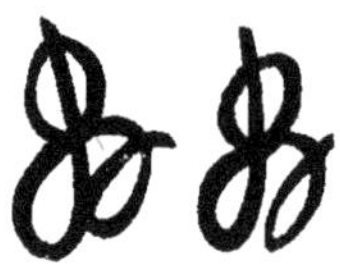

donnerait à penser que cet artisan était un des continuateurs de la fabrication d'émaux dits de *Bernard Palissy*. Outre ce fait assez concluant, je crois, il en est d'autres plus déterminants encore : ce sont, premièrement, un plat, dans le genre Palissy, représentant Henri IV et ses enfants. Il est bien certain que Bernard n'a pu exécuter cette pièce; donc, son industrie s'était perpétuée (1). Il est temps aujourd'hui que l'on s'intéresse à l'histoire de l'art français, d'approfondir chaque question, et de n'attribuer à chacun que ses œuvres.

Nous devons encore dire que sur un plat du genre Palissy on trouve le monogramme suivant :

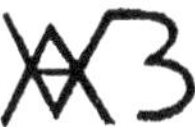

Nous ne savons quel est ce plat possédé par M. Didier-Petit, de Lyon; son existence nous a été attestée par plusieurs amateurs dignes

(1) Ce plat fait partie de la collection de M. Dusommerard.

de foi, lesquels nous ont communiqué la copie de ce monogramme.

On a aussi attribué à Bernard de Palissy, mais à tort, des bassins en terre émaillée, qui ont été évidemment surmoulés sur des bassins d'argent ou d'étain exécutés par des artistes italiens : ainsi, M. Brunet-Denon, M. Dusommerard, et le musée du Louvre, possèdent chacun un bassin de terre émaillée, évidemment surmoulé sur un bassin d'étain appartenant à M. Sauvageot. Le style de ce bassin est florentin : il est couvert de petits sujets mythologiques en relief et colorés. Sans nul doute, Bernard de Palissy n'a jamais surmoulé sur des pièces d'orfévrerie des terres émaillées, qu'il aurait publiées sous son nom; d'ailleurs, le bassin en question porte le monogramme F.

CHAPITRE XX.

DE LA MANUFACTURE DE LIMOGES DEPUIS LE XVIe SIÈCLE.

On a dit et répété sans cesse que François Ier avait créé, vers 1530, la manufacture d'émaux de Limoges; mais nous avons déjà vu que cette manufacture existait depuis le XIIe siècle, et tout ce qu'on peut raisonnablement admettre, c'est que cette manufacture, détruite pendant les guerres avec l'Angleterre, fut rétablie par François Ier.

Cette manufacture a exécuté un nombre incroyable de pièces de cuivre émaillé : ce sont des panonceaux, des plats, des coupes, soucoupes, bouquetiers, gobelets, patènes, écritoires, tabatières, chandeliers et candélabres, boîtes à hosties, médaillons de saints, d'empereurs, portraits, sujets de sainteté, *ex-voto*, bassins, vases, aiguières, etc.

Ces pièces d'orfévrerie, si remarquables le plus souvent par la pureté et l'élégance de leurs formes, sont en cuivre recouvert d'un émail bleu, et ornées de peintures en grisaille rehaussée d'or, ou en couleur, exécutées d'après les dessins des artistes de la manufacture, et quelquefois d'après ceux de Raphaël, Jules Romain, le Primatice, maître Roux, Léonard de Vinci, Albert Durer, Holbein, Jean Cousin, etc.

Léonard Limousin fut le premier directeur, et l'un des plus habiles artistes de la manufacture de Limoges. Il est ordinairement désigné sous le titre de peintre émailleur ordinaire de la chambre du roi. François Ier lui donna le surnon de *Limousin*, pour le distinguer de Léonard de Vinci. Ses premiers émaux sont de 1532; il vivait encore en 1560. On a conservé de cet artiste des morceaux nombreux et admirables; nous citerons les médaillons du tombeau de Diane de Poitiers, les portraits de l'amiral Philippe de Chabot et de François de Guise, conservés au Louvre. Il s'occupa aussi de peinture; il peignit sur bois, en 1551, un tableau dont le sujet était *le Christ apparaissant à saint Thomas et aux apôtres ;* ce tableau appartient à un particulier de Limoges. On dit que la fleur de lis qui accompagne le nom de Léonard indique qu'il fut directeur de la manufacture.

Après Léonard Limousin, il faut nommer la famille des Courtois, appelée souvent *Court, de Court*, ou *Corteys*. Cette famille a produit plusieurs artistes recommandables, entre autres Jean Court, ou Courtois, dit Vigier : on cite de cet artiste trois couvercles exécutés en 1556, et représentant le Triomphe de Diane et de Neptune. Ces coupes sont peintes en grisaille; les figures seules sont en couleur : la vigueur, la correction du dessin, la grandeur de la composition, sont au-dessus de tout éloge. Jean Court a été quelquefois séparé de Jean Courtois: on a voulu en faire deux artistes différents; mais rien ne justifie cette prétention. Jean Court fut le successeur de Léonard Limousin, dont il avait été l'élève. Il vivait encore en 1580.

Pierre Raymond, Rexmon ou Rexmann, dont le Louvre et plusieurs amateurs possèdent un assez grand nombre de productions extrêmement belles, est encore l'un des émailleurs les plus remarquables du XVIe siècle.

Au XVIIe siècle, nous avons à parler de H. Poncet. M. Maurice Ardant, de Limoges, possède de cet artiste un *Ecce homo* qui nous a paru surtout remarquable. Mais les émailleurs de ce temps sont encore peu connus. Au siècle suivant, la famille des Laudin brilla d'un vif éclat. Nicolas Laudin, l'aîné, fut le maître de dessin du régent, qui prenait plaisir, dit-on, à le voir peindre. Les œuvres de ce grand artiste sont aussi nombreuses que belles; nous citerons, avant tout, les émaux de l'autel de la cathédrale de Limoges : ces trois tableaux, de huit pouces sur six, offrent cinq sujets, qui sont : la *Mort d'Abel*, le *Sacrifice d'Abraham*, l'*Adoration des mages*, les *Noces de Cana*, et *la Crucifixion*. La composition, le dessin, la couleur de ces petits tableaux en font de vrais chefs-d'œuvre. Au musée de Poitiers, nous avons vu un saint Jean-Baptiste, un Christ en croix, une Mater Dei, et au Louvre, une Sainte Famille, qui sont extrêmement remarquables. On ne finirait pas si l'on voulait citer toutes les productions de cet artiste.

Joseph Laudin est également un émailleur de grand talent : la *Sainte Catherine en extase*, et le *Saint Pierre* que M. Maurice Ardant possède de cet artiste, sont de très-belles compositions.

Après les Laudin, l'art de l'émailleur n'est plus soutenu que par les Noualhiers : ces arartistes ignorants étaient de pauvres ouvriers ne sachant pas même écrire leur nom, dont les œuvres sont détestables de dessin et de couleur. Avec eux, la peinture limousine tombe en décadence, et disparaît vers 1766.

Dès lors, la peinture sur porcelaine remplace la peinture sur émail. La décadence de la manufacture de Limoges, et la découverte des gisements de kaolin de Saint-Yrieix, expliquent cet événement (1).

Nous terminerons ce chapitre en donnant le tableau des émailleurs de Limoges (2).

---

(1) Voir, à la fin de ce travail, l'Histoire de la peinture sur porcelaine.

(2) Ce tableau est composé d'après nos recherches et celles de MM. Ardant et Texier.

Table alphabétique des Emailleurs de Limoges.

NOMS DES ARTISTES.		MONOGRAMMES.	ÉPOQUE.	OBSERVATIONS.
N.	Bernard.		XVIIe siècle.	
Jehan	Courtois, ou Court, dit Vigier.		1556.	
Pierre	Courtois, ou Corteys.	P. C.	1560 (1) - 1568 (2).	
Suzanne	Courtois, ou Corteys, ou Court, ou de Court.		XVIe siècle.	
Joseph	Laudin.	I. L.	Fin du XVIIe siècle,	Revers rouge.
Nicolas	Laudin.	N. L.	et commencement	Revers bleu foncé.
Valérie	Laudin.		du XVIIIe.	
	Laurent.			
	Léonard.		1610.	Voy. d'Expilly, au mot *Limoges*.
	Léonard Limosin.	L. L.	1532-1560.	Revers bleu et blanc.
Jehan	Limosin (3).	I. L.	XVIe siècle.	
Isaac	Martin.	I. M.		
Etienne	Mersier.		Sous Henri IV.	
Bernard	Nouailhier.			
J.-B.	Nouailhier.		Fin du XVIIe siècle.	Revers bleu.
Joseph	Nouailhier.		*Idem.*	
Pierre	Nouailhier.		1686-1717.	Revers rouge.
	Nouailhier.		Fin du XVIIIe siècle.	
N. ou M., ou M.-D.	Pape.		XVIe siècle.	
	Peiguillon.			
N.	Pénicaut.		Fin du XVIe siècle.	
	Poillevet.		1694.	
H.	Poncet.		XVIIe siècle.	
Pierre	Raymond ou Rexmann, ou Rexmon.	P. R. (4).	1538 (5) - 1578 (6).	

(1) Plat 40. A. C. au Louvre. — (2) Bassin 2,406, du Louvre.
(3) Quelques archéologues supposent, d'après son monogramme, que ce serait le même artiste que Joseph Laudin.
(4) Ce qui ne veut pas dire, comme on l'a prétendu *Privilegio Regis*.
(5) Fixée d'après un émail de la collection de M. Brunet-Denon. — (6) Fixée d'après un émail du Louvre.

Les monogrammes encore inexpliqués sont :

H. L. P.

M. D.

C. N.

I. R., sur un émail de 1625, chez M. Ardant.

TB sur un émail du XVIe siècle, représentant le massacre des innocents, et se trouvant au musée de Poitiers.

P. N.

L. P., sur un émail du Louvre (851), représentant le Christ mort entre les bras des saintes femmes.

J. P.

I. D.C., sur un plat représentant le passage de la mer Rouge, appartenant à madame la vicomtesse de la Sayette, à Poitiers.

CHAPITRE XXI.

SUR LES ORFÈVRES ÉMAILLEURS DE BLOIS.

Le XVIIe siècle vit s'opérer une révolution dans l'art de l'émailleur : la manière de faire de beaux émaux épais et opaques sur or fut découverte par un orfévre de Châteaudun, nommé Jean Toutin, en 1639 (1). Il parvint à trouver une suite de couleurs qui s'appliquaient sur un fond émaillé d'une seule couleur, et se parfondaient au feu en conservant leur éclat.

(1) Voy. *Journal des savants*, 1676, 118-208; 1719, 278.

Isaac Grisblin, son élève, et peintre de portraits au pastel fort estimés, seconda Toutin : tous les deux donnèrent une vive impulsion à l'art de l'émailleur ; ils firent de très-beaux portraits, et leur exemple décida beaucoup d'artistes à les imiter. On cite parmi les émailleurs de ce temps : Dubié, orfévre, dont les talents lui valurent un logement au Louvre ; puis Morlière, de Blois ; ses peintures émaillées sur bagues et sur des boîtes de montres étaient très-célèbres. Robert Vauquer, de Blois, mort en 1670, élève de Morlière, surpassa ses prédécesseurs par l'éclat de son coloris et la pureté de son dessin. Pierre Chartier, de Blois, se mit à faire des fleurs, et excella dans ce genre. Bientôt la mode des petits portraits en émail remplaça celle des portraits en miniature. La beauté des émaux de Petitot vint donner une nouvelle impulsion à cet art : Louis Hance, L. du Guernier, excités par les succès de Petitot, essayèrent de rivaliser avec lui, et firent, dit-on, de beaux portraits. Henri Toutin, fils de Jean Toutin, acquit par ses travaux une réputation justement méritée. Il fit pour Anne d'Autriche, pendant sa régence, une boîte de montre émaillée que les historiens du temps citent comme un chef-d'œuvre. Félibien dit aussi qu'il peignit en émail le tableau de Le Brun représentant la mère de Darius aux pieds d'Alexandre, que l'on attribue quelquefois, mais à tort, à Petitot. On connaît encore Henri Chéron, peintre à Meaux, Louis Van den Brugen (mort en 1658), parmi les émailleurs de ce temps.

CHAPITRE XXII.

SUR L'ORFÉVRERIE ÉMAILLÉE DU XVIIe SIÈCLE.

On fit aussi, pendant la régence d'Anne d'Autriche, plusieurs pièces d'orfévrerie, dont les historiens parlent avec éloge. La régente donna au Val-de-Grâce un soleil d'or émaillé, de couleur de feu, enrichi de diamants et soutenu par un ange. Ce morceau d'orfévrerie avait coûté sept années de travail et 15,000 livres. Aux grandes fêtes, le saint sacrement était placé dans ce soleil, et exposé sur le grand autel de l'église.

C'est de cette époque que datent les belles

pièces d'orfèvrerie conservées au Louvre. Nous voulons parler de ces soupières, vases, aiguières, coupes, tasses en pierres fines ornées d'émaux, de camées et de pierreries, que l'on peut admirer dans la salle de Henri IV. Nous signalerons surtout la soupière n° 126, dont le couvercle est décoré de quatre médaillons émaillés, entourés de guirlandes de fleurs également en émail ; la soupière n° 129, décorée de magnifiques camées et d'émaux ; le cadre gracieux d'un petit miroir (n° 262) ; et nous demanderons si depuis cette époque l'art de l'orfévrerie a produit quelque chose d'aussi remarquable ?

CHAPITRE XXIII.

PETITOT ET BORDIER.

Jean Petitot, qui devait donner à l'art du portraitiste une si grande perfection, naquit à Genève en 1607. Il s'associa de bonne heure avec Pierre Bordier (1), et tous les deux se mirent à faire des portraits en émail, mais non pas les premiers, comme on le dit ordi-

(1) Cet artiste est quelquefois désigné sous le nom de Jacques, mais à tort. Voy. *Histoire littéraire de Genève*, par Jean Senebier, t. 2, pag. 236, et *Histoire de Genève*, par Picot.

nairement, car Toutin en avait peint dès 1630 de cette manière. Ils vécurent longtemps en Italie et en Angleterre, et furent liés avec les plus habiles chimistes de l'époque, surtout avec Mayerne, médecin de Charles Ier d'Angleterre, et fort habile chimiste. Petitot se lia aussi, à la cour de Charles Ier, avec Van Dyck, dont il copia tous les tableaux. C'est sans contredit à l'influence de cet habile peintre que les portraits de Petitot doivent leur perfection. Aidé par Mayerne, Petitot découvrit presque toutes les couleurs que l'on peut employer dans la peinture en émail. C'est en Angleterre, en 1642, que Petitot fit son chef-d'œuvre, le portrait de la comtesse de Southampton (émail de 9 pouces 9 lignes, sur 5 pouces 9 lignes), possédé aujourd'hui par le duc de Devonshire. A la mort de Charles Ier (1649), Petitot et Bordier vinrent en France. Louis XIV et tous les personnages célèbres de l'époque voulurent avoir leur portrait fait par ces deux artistes, et l'on peut voir au musée des dessins, au Louvre, deux cadres renfermant une cinquantaine de médaillons, dont la plupart sont de Petitot et de Bordier (1). La Russie et l'Angleterre possè-

(1) Nous en reproduisons ici la liste d'après le livret du musée des dessins du Louvre, de l'an V.

Madame de Montbazon.
La princesse Palatine.
M. Barbezieux, fils de M. de Louvois.
M. de Malezieu, chancelier de Dombes.
Madame de Maintenon.
La comtesse de La Suze.
Trois portraits d'Anne d'Autriche, à différents âges.
Lavardin de Beaumanoir.
Le comte de Grignan.
Voiture.
Le maréchal Catinat.
L'architecte Mansart.
Villarceaux, ami de Ninon.
Trois portraits de Louis XIV, à différents âges.
Le maréchal de Tourville.
Trois portraits de Marie-Thérèse, à différents âges.
La princesse de Condé.
Madame de Montespan.
Le grand Dauphin.
Mademoiselle de Montpensier.
La femme de Rembrandt.
Le président Sarron.
Mademoiselle Dupré, fille du jardinier de Meudon, maîtresse de Louis XIV.
Ninon de l'Enclos.
Le cardinal de Richelieu.
Madame de Grignan.
Madame de Sévigné.
Deux portraits de la duchesse d'Aiguillon, nièce de Richelieu.
Hortense Mancini.
Madame de Fontanges.
Madame du Lude, en Madeleine.
Madame de Thianges.
Gaston de France.
Le maréchal de Villars.
La veuve Scarron, depuis madame de Maintenon.
Mademoiselle Keruel, depuis duchesse de Portsmouth.
Marie-Louise d'Orléans.
La reine Christine de Suède.
Madame Deshoulières.
La duchesse de Montpensier.
La duchesse de La Vallière.
Françoise d'Orléans de Valois.

N. B. De tous ces émaux attribués à Petitot, il y en a qui probablement ne sont pas de lui. Il serait à désirer qu'on puisse un jour examiner les signatures de ces portraits; mais nous n'avons pu les voir qu'à travers la vitre de rigueur.

dent un grand nombre de leurs émaux. Petitot copia aussi quelques tableaux de Mignard et de Le Brun. Chassé de France par la révocation de l'édit de Nantes, il alla mourir à Genève en 1691. Bordier était mort en 1690. On connaît de ce dernier artiste deux émaux qu'il a certainement faits à lui seul, une séance de la Chambre des communes en Angleterre, et la bataille de Nazeby.

Petitot laissa deux élèves, Touron et mademoiselle Terroux : ces deux artistes vivaient encore à Genève en 1786 (1).

(1) Jean Senebier, *Histoire littéraire de Genève*

CHAPITRE XXIV.

DE LA PEINTURE SUR ÉMAIL EN FRANCE PENDANT LE XVIIIe SIÈCLE.

Petitot avait donné au portrait en émail une perfection extrême, mais en même temps il avait porté à la peinture sur émail un coup funeste. En effet, en se livrant exclusivement au genre du portrait, il entraînait avec lui tous les autres émailleurs à ne plus faire que des portraits: c'est peut-être là une des causes réelles de la chute de la grande peinture sur émail et de la manufacture de Limoges.

Après Petitot, quelques artistes se distinguèrent encore par leur habileté à faire des portraits émaillés ; mais bientôt l'invasion du pastel et de la gouache firent abandonner par une société pressée de jouir, et peu soucieuse de la durée de ses productions, la peinture sur émail, longue et difficile comme tout ce qui dure ; alors ce genre de peinture tomba dans l'oubli, et c'est à peine s'il reste quelque émailleur pour transmettre la tradition de cet art à la postérité.

Il nous faut examiner le détail de ces diverses époques du XVIIIe siècle.

Vers la fin du règne de Louis XIV, Hubin (1), et pendant la régence, Louis de Châtillon, Guerrier, Souhaitrond, Touron, Charles Boit, J. Le Blanc, Jacques-Philippe Ferrand, se distinguent encore comme émailleurs.

Hubin nous est totalement inconnu. *Louis de Châtillon*, mort en 1734, a peint des por-

---

(1) Voy. Fontenelle (*Éloge d'Amontons*) qui le cite comme un célèbre émailleur.

traits dont deux sont au Louvre (1), celui de l'auteur et celui de Le Nôtre. *Guerrier* a peint aussi des portraits : le Louvre (2) possède de cet artiste un portrait d'homme d'après Van Dyck. *Souhaitrond :* nous ne le connaissons que par *une Jeune fille qui rit*, émail du Louvre (3). *Touron* a peint, d'après madame Le Brun, une *Bacchante* vêtue de la peau d'un tigre, et *Vénus et l'Amour* (4). *Charles Boit :* c'était un Suédois qui fut reçu membre de l'Académie de peinture et de sculpture en 1717, et mourut en 1727, le 6 février, à soixante-quatre ans. On cite de lui un plateau d'or, conservé à Vienne, sur lequel il a exécuté en émail les portraits de la famille impériale. Le Louvre possède de cet artiste deux petits portaits. *J. Le Blanc* a composé, en 1718, un émail assez grand, représentant une pauvre femme

---

(1) Nos 2,585 et 2,598.

(2) No 10.

(3) No 2,596.

(4) No 2,583.

avec ses quatre enfants : cet émail fait encore partie de la collection du Louvre. *Jacques-Philippe Ferrand* fut reçu membre de l'Académie de peinture et de sculpture en 1690, et mourut en 1732, à l'âge de quatre-vingts ans : nous ne connaissons aucune de ses œuvres ; nous savons seulement qu'il a composé sur sa profession un assez bon livre, qu'il publia sous le titre de *l'Art du feu*, 1 vol. in-12.

Mais, vers 1754, il paraît que la peinture sur émail était au plus bas : on peut en juger par les pâles productions des Noualhier. Deux bijoutiers de Paris, Hamelin et Maillé, étaient alors fort célèbres, et leurs bijoux d'or émaillé très-recherchés.

Cependant *Rouquet*, auteur d'un livre intitulé *État présent des arts en Angleterre* (Paris, 1755, in-12), exposait, en 1755, le portrait en émail du marquis de Marigny (1),

---

(1) Cet émail est au Louvre.

qui paraît avoir protégé l'art de l'émailleur, alors en ruine (1).

Pierre Pasquier et Weiller, vers 1777, rendirent à la peinture sur émail une certaine splendeur. Le premier, né à Villefranche (Rhône), fut reçu membre de l'Académie de peinture et de sculpture en 1769. Il exposa, en 1777, plusieurs émaux : *la Sculpture*, *Charles Ier*, d'après Van Dyck, le portrait de *M. Saint-Léger*, médecin (2), et quelques autres émaux les années suivantes. Nous ne savons l'époque de la mort de cet artiste : seulement il vivait encore en 1792.

Weiller (J.-B.) est un artiste plus considérable, mais aussi peu connu que le précédent (3).

---

(1) Le surintendant de Marigny fait faire des essais pour appliquer l'émail sur l'or (*Histoire de France*, du président Hénault, an 1754, édit. Michaud).

(2) Voy. les articles que nous avons publiés dans le *Magasin pittoresque* de 1841, sur l'histoire des expositions de peinture et de sculpture depuis 1699.

(3) Nos seules ressources sont les livrets des expositions

Il naquit à Strasbourg en 1747, fut reçu agréé à l'Académie en 1775 (29 avril), et exposa, en 1777, quelques portraits en émail, que le livret ne nomme pas. En 1779, il était admis au nombre des académiciens, et en 1783 il exposait encore des portraits non désignés au livret. Il faut croire cependant qu'ils étaient remarquables; car, en 1785, le gouvernement, désireux de faire revivre la peinture sur émail, le chargea de faire les portraits des hommes célèbres, afin de transmettre leurs traits à la postérité. En conséquence de cet ordre, si important et si peu connu (1), Weiller se mit à l'œuvre avec ardeur, et, dès 1787, il exposait les portraits de Pierre le Grand, de Ruyter, de Ph. de Champagne, de Catinat, de De Troy, alors directeur de l'Académie de Rome; il avait fait une nom-

---

de l'époque. Peut-être, à cause de cela, nous pardonnera-t-on notre sécheresse.

(1) Il est mentionné dans le livret de l'exposition de l'an XII, pag. 48.

breuse collection d'ébauches au pastel, lorsqu'une mort prématurée (1791, 25 juillet) vint l'arracher à ses travaux.

Cette protection accordée par le gouvernement à un art si utile est un fait qui indique quelles excellentes idées présidaient alors à la direction des beaux-arts. Il paraît que cette protection vouée à la peinture sur émail survécut à la Révolution, car, l'an XII, madame Louise Kugler, veuve et élève de Weiller, exposa plusieurs portraits d'hommes illustres que le livret ne désigne pas, et fit mettre dans ce livret les lignes suivantes :

« Madame Kugler, encouragée par la pro-
« tection que le gouvernement daigne lui ac-
« corder, a suivi le même plan (que Weiller), et
« soumet à l'indulgence du public ses premiers
« travaux en ce genre. Elle possède la collection
« d'ébauches en pastel faite par M. Weiller, et
« qu'il avait eu l'avantage de puiser dans les
« cabinets des amateurs. Elle ose réclamer le
« même service de ceux qui pourraient lui en
« confier : ils contribueront à porter aux siècles

« les plus reculés la ressemblance inaltérable « des hommes qui ont illustré leur patrie. »

En 1806, madame Kugler exposa le portrait de Racine ; en 1810, quelques portraits sans désignation ; en 1812, d'autres portraits, parmi lesquels le livret indique celui du docteur Gall. Depuis lors, les livrets ne parlent plus de cette dame, et ce silence fait croire qu'elle mourut vers cette époque (1).

Nous arriverions à l'histoire de la peinture sur émail pendant l'Empire, si nous n'avions à parler de madame Cadet, également peintre sur émail : habile artiste, cette dame reçut, en 1787, le brevet de peintre de la reine, et justifia ce titre par d'excellents ouvrages. Ce brevet donné à une femme achève de nous montrer quel intérêt le gouvernement de Louis XVI attachait à la renaissance de la peinture sur émail, et combien on en comprenait l'importance et le but réel.

---

(1) Le Louvre possède deux émaux de Louise Kugler ; ils sont assez beaux.

CHAPITRE XXV.

DE LA PEINTURE SUR ÉMAIL EN FRANCE AU XIXe SIÈCLE.

Nous ne savons pas si c'est à la protection du gouvernement, ou bien à la force même des choses, que la peinture sur émail, renée vers la fin du XVIIIe siècle, se continua sous l'Empire et la restauration ; ce qu'il y a de certain, c'est qu'elle prit alors un développement remarquable, qui s'est un peu ralenti vers la fin de la restauration, mais qui, pour avoir cessé un moment, ne s'en continue pas moins avec éclat de nos jours.

Kanz et Soiron forment, avec Mme Kugler, le lien entre le XVIIIe et le XIXe siècle.

Charles-Chrétien Kanz, né à Plauen en Saxe, en 1758, vint à Paris se livrer à la peinture sur émail. Dès l'an 1793, il exposa des portraits émaillés, et depuis lors il en peignit un grand nombre.

François Soiron naquit à Genève en 1755, et vint aussi à Paris peindre des portraits sur émail ; depuis 1800 jusqu'en 1813, année de sa mort, cet artiste a exposé un certain nombre de portraits et de vases émaillés. On cite de lui le portrait équestre de Napoléon (1806), et les portraits de Napoléon et de Joséphine, exposés en 1808, qui lui valurent une médaille d'or de première classe. Beaucoup d'autres artistes firent de la peinture sur émail : nous les citerons par ordre alphabétique.

Augustin (J.-B.-Jacq.), né en 1759, est surtout célèbre comme peintre en miniature ; mais il a fait aussi de nombreux portraits sur émail, parmi lesquels on cite ceux de l'Empereur, de Joséphine, de Denon, qui paraissent avoir beaucoup aimé et encouragé la peinture sur émail, du roi de Hollande, de Louis XVIII, etc.

Baup (Henri), né en Suisse en 1777, s'établit à Paris, exposa en 1827 un portrait d'après nature, et en 1834, celui de madame de Nemours, d'après Largillière.

Madame Bouillet a exposé cette année (1841) deux portraits remarquables : celui de Charles Ier, d'après Van Dyck, et du R. P. Quesnel, prêtre de l'Oratoire, d'après Koëts.

Mademoiselle Adèle Chavassieu d'Audebert, née à Niort en 1788. Dès 1812, cette dame préluda à la brillante carrière qu'elle devait parcourir, en exposant plusieurs émaux. Le comte de Sommariva lui commanda une collection de tableaux sur émail représentant les principaux sujets de sa belle galerie. En 1822, elle exposa le portrait du *Giorgion*, d'après ce peintre ; une *Tête de femme*, d'après Rembrandt ; le *Repos de la Sainte Famille*, d'après Pésarèze ; *Vénus et Ascagne*, d'après Boisfremont ; *l'Amour et Psyché*, d'après David ; *Zéphyr*, d'après Prud'hon.

On lui doit encore : *la Sagesse préservant l'Adolescence des traits de l'Amour*, d'après Meynier ; *Psyché enlevée par les Zéphyrs*, d'après Prud'hon ; *Cléopâtre et Jules César*, d'après Angelica Kaufman ; *Bélisaire*, d'après Gérard ; *Vénus qui caresse l'Amour*, d'après Appiani ; *la Colère d'Achille*, d'après le même ; *la Vierge à la chaise*, d'après Raphaël.

Certes, c'est bien comprendre le but de la peinture sur émail, que de l'appliquer à la reproduction des chefs-d'œuvre de la peinture à l'huile, afin de conserver à la postérité le souvenir d'œuvres périssables ; et bien qu'aujourd'hui la porcelaine soit employée à cet usage de préférence à l'émail, nous regrettons de ne pas voir la peinture sur émail prendre plus de développement dans cette direction. Mais nous espérons que le gouvernement, imitant en cela les gouvernements qui l'ont précédé, voudra bien donner une impulsion qui sera aussitôt acceptée et suivie par les artistes et le public.

Constantin (Abraham), né à Genève en 1785, aussi habile peintre sur porcelaine que sur émail, a produit de fort belles œuvres : tels sont le *Bélisaire* de Gérard, *l'Amour et Psyché*, du même auteur, *la Vierge au poisson*, *la Visitation*, et les portraits de Murat, de Joseph, du prince et de la princesse Eugène, de la reine de Westphalie, du roi de Rome, de Louis XVIII, de l'empereur Alexandre, de mademoiselle Mars, etc.

Counis (Salomon-Guillaume), né à Genève en 1785, élève de Girodet. On lui doit plusieurs portraits de rois et de maréchaux, et une belle reproduction de la *Galatée* de Girodet.

Duchesne des Argillères (J.-B.-Jos.) a peint un grand nombre de portraits : Napoléon, la reine de Westphalie, Charles X, ses enfants, les princes de Joinville, d'Aumale, de Montpensier.

Fouquet (Louis-Socrate), né à Paris en 1795, fut appelé, en 1815, comme peintre de porcelaine à Berlin par le roi de Prusse, puis alla en Bavière. En 1821, il a été nommé professeur peintre sur émail du cabinet du duc de Saxe-Gotha.

Ainsi, non-seulement l'art de l'émailleur renaissait chez nous, et jetait un vif éclat, mais les étrangers s'adressaient à nos artistes pour l'introduire chez eux.

Sturm (Pierre-Henri), né à Genève en 1785. On cite de cet artiste les émaux d'un vase d'or appartenant au prince Demidoff, et les peintures de chasse exécutées sur des bracelets, ouvrage commandé par le prince de Bourbon.

Jusqu'à ces dernières années, on s'était contenté de faire quelques tableaux et portraits; mais depuis on a donné à la peinture sur émail des applications importantes, et dont les conséquences peuvent devenir très-considérables, si le gouvernement et le public savent encourager ces efforts individuels.

On a orné la cour d'honneur de l'École des beaux-arts de quatre médaillons de lave émaillée, représentant les quatre grands protecteurs des arts, Périclès, Auguste, Léon X et François Ier. A la basilique de Saint-Denis, on a placé quelques beaux émaux. A l'exposition des produits de l'industrie de 1834, on vit de belles plaques de lave émaillée, et peintes avec couleurs vitrifiables. L'une représentait la tête de la madona de Foligno, par Raphaël, sur lave émaillée, d'après une copie de M. Caminade. Cette peinture avait été exécutée sous la direction de MM. Hittorf et Hachette, par M. Dubois.

C'est M. Mortelèque qui, le premier, s'occupa de cette importante application. « On lui doit un blanc d'émail, dont il couvre les plaques de lave et les plaques de porcelaine ; ces plaques sont alors comme des espèces de toiles sur lesquelles on peut, avec les couleurs vitrifiables qu'il a préparées, exécuter tous les genres de peinture.

« Antérieurement, la peinture en couleurs vitrifiables, qui réunit si bien l'éclat à la solidité, ne pouvait s'exécuter que sur des plaques en porcelaine à petites dimensions, et, malgré leur petitesse, difficiles à produire planes et droites. Mais les plaques de porcelaine en biscuit peuvent être beaucoup plus grandes et très-régulières. Les plaques de lave s'obtiennent grandes et planes avec encore plus de facilité ; elles peuvent s'ajuster l'une contre l'autre avec une extrême précision, de manière à présenter d'immenses surfaces parfaitement droites et continues dans tous les sens. On pourrait donc couvrir les parois intérieures et l'extérieur d'un édifice avec des peintures vitrifiées, brillantes, inaltérables par le soleil et l'humidité. Il serait facile aujourd'hui de faire bien, en grand et à peu de frais, ce qu'on n'obtenait jadis qu'avec d'extrêmes difficultés et des frais énormes, au moyen de la mosaïque.

« Par cette application d'un émail durable sur la lave, et d'une peinture solide en couleurs vitrifiables, on ouvre par conséquent une carrière nouvelle à la peinture monumentale. C'est un art complétement créé, dont les conceptions étaient très-difficiles à mettre en pratique. M. le directeur de la manufacture royale de Sèvres en donne la plus haute idée, en déclarant avec cette noble modestie qui sied si bien aux talents supérieurs : « Nous connaissons les difficultés que M. Mortelèque avait à vaincre par celles que nous-mêmes n'avons pas pu surmonter ; nous les connaissions par les pièces que cet artiste industrieux a déposées dans la collection céramique de Sèvres, en 1820 ; à cette époque elles étaient loin de la perfection. La différence est immense entre ces ébauches et les pièces qu'expose, en 1834, M. Mortelèque. Si ces dernières laissent encore quelque chose à désirer comme produits industriels, si elles montrent encore trop de petites dépressions à leur surface, si les couleurs n'ont pas encore la transparence et l'éclat qu'on pourrait désirer, nous ne doutons pas que bientôt elles acquerront ces qualités. » (*Rapport du jury central sur les produits de l'industrie française exposés en* 1834, t. 3, pag. 400.)

En 1839, on exposa de nouvelles plaques

de lave émaillée. L'une représentait un paysage peint par Mortelèque, et avait un mètre de longueur sur soixante centimètres de largeur. Sur une autre étaient peintes deux têtes de vieillard et de jeune fille, d'une fort belle exécution.

Il était évident que les prévisions émises en 1834 étaient réalisées, et que le problème de la peinture monumentale sur lave émaillée était résolu.

A cette même exposition, on a remarqué diverses pièces d'orfévrerie émaillée, provenant des ateliers de MM. Wagner et Marrel. Le premier avait présenté une monture en émail d'un camée magnifique, la *Toilette de Psyché*, et deux vases avec des peintures en émail. Le second avait exposé une corbeille, deux vases et un bassin décorés d'arabesques émaillés. Ces fabricants avaient su mêler à l'art de l'émailleur l'art du nielleur, et leurs ouvrages étaient généralement admirés.

Tout récemment M. Meyer-Heim a exécuté à la manufacture de Sèvres une coupe en cuivre émaillé, d'après les procédés des émailleurs de Limoges. L'émail est appliqué sur le cuivre, qui constitue la coupe elle-même ; les couleurs, bleu, noir et gris, et l'or, sont parfaitement obtenus, et ce brillant résultat permet d'espérer que l'habile directeur de la manufacture de Sèvres, qui a déjà rendu à la France l'art des anciens verriers, lui rendra aussi l'art des émailleurs limousins.

M. Meyer-Heim s'occupe en ce moment d'appliquer la peinture en émail sur la porcelaine, et d'imiter ainsi les émaux de Limoges, en remplaçant la couverte de la porcelaine par l'émail lui-même. Nous ne doutons pas qu'il ne produise de fort belles œuvres.

Mais arrêtons-nous, et disons, pour résumer, que la France, qui a tant fait pour le perfectionnement de cet art précieux, qui le compte comme une de ses gloires nationales, non-seulement saura le conserver, mais lui donnera des développements plus considérables que ceux qu'il a déjà reçus.

Liste alphabétique de tous les peintres sur émail.

NOMS.	QUALITÉ.	NAISS.	MORT.	ÉPOQUE.	LIEU OU ILS ONT VÉCU.
Alpais (Claudius).	Emailleur.			XIIIe siècle.	Limoges.
Augustin (J.-B.-Jacques).	P. de portr.	1759			Paris.
Baup (Henri).	P. de portr.	1777			*Idem.*
Bernard de Palissy.	Rustiques figulines.		1589		Saintes et Paris.
Bernard (N.).	Emailleur.			XVIIe siècle.	Limoges.
Boit (Charles).	P. de portr.	1663	1727		Paris.
Bordier (Pierre).	P. de portr.		1690		Anglet., France, Genève.
Brandini (Frédéric).	P. de majolica.			XVIe siècle.	Urbin.
Bouillet (Mme).	P. de portr.			Contemporaine.	Paris.
Brugen (Louis Van den).	Emailleur.		1658		Paris?
Cadet (Mme).	P. de portr.			Fin du XVIIIe siècle.	Paris.
Chartier (Pierre).	P. de fleurs.			XVIIe siècle.	Blois.
Châtillon (Louis de).	P. de portr.		1734		Paris.
Chavassieu d'Audebert (Mlle Adèle).	P. sur émail.	1788			*Idem.*
Chéron (Henri).	P. de portr.?			XVIIe siècle.	Meaux.
Clerici (Antoine).	Ouvr. en terre sigillée.			1642.	Fontainebleau.
Constantin (Abraham).	Hist. et portr.	1785			Paris.
Counis (Salomon-Guillaume).	Portr. et hist.	1785			*Idem.*
Court, ou Courtois (Jean) dit Vigier.	Emailleur.			1566.	Limoges.
Courtois, ou Corteys (Pierre).	*Idem.*			1560-1568.	*Idem.*

NOMS.	QUALITÉ.	NAISS.	MORT.	ÉPOQUE.	LIEU OU ILS ONT VÉCU.
Courtois, ou Corteys, ou Court, ou de Court (Suzanne).	Emailleuse.			XVIe siècle.	Limoges.
Dubié.	Orfèvre émailleur.			XVIIe siècle.	Paris.
Dubois.	P. sur lave émaillée.			Contemporain.	*Idem.*
Duchesne des Argillères (J.-B. Joseph).	P. de portr.			Empire.	*Idem.*
Ferrand (Jacques-Philippe).	P. sur émail.	1652	1732		*Idem.*
Fontana (Flaminio).	P. de majolica.			1500-1540.	Florence.
Fontana (Orazzio).	P. de majolica.			*Idem.*	Castel-Durante.
Forzore.	Orfèvre émailleur.			XIVe siècle.	Arezzo.
Fouquet (Louis-Socrate).	P. sur émail.	1795			Saxe et Paris.
Francesco Xauto de Rovigo.	P. de majolica.			1531-1535.	Urbin.
François Francia.	P. sur émail.			XVIe siècle.	Bologne.
Franco (Batista).	P. de majolica.			*Idem.*	Pesaro.
Grisblin (Isaac).	Orfèvre émailleur.			XVIIe siècle.	Blois.
Grue.	P. de majolica.			*Idem.*	Naples.
Guernier (Louis du).	P. de portr.			Fin du XVIIe siècle.	Paris.
Guerrier.	P. de portr.			Régence.	*Idem.*
Guido Durantino.	P. de majolica.			XVIe siècle.	Urbin.
Guido Selvaggio.	P. de majolica.			*Idem.*	Faenza.
Hamelin	Bijoutier émailleur.			1754.	Paris.
Hance (Louis).	P. de portr.			Louis XIV.	*Idem.*
Hubin.	Emailleur.			*Idem.*	Paris ?
Jehan Limousin.	*Idem.*			XVIe siècle.	Limoges.

NOMS.	QUALITÉ.	NAISS.	MORT.	ÉPOQUE.	LIEU OU ILS ONT VÉCU.
Kanz (Charles-Chrétien).	P. de portr.	1758			Paris.
Kugler (Louise).	P. de portr.			Commencement du XIXe siècle.	*Idem.*
Laudin (Joseph).	Emailleur.			Louis XIV.	Limoges.
Laudin (Nicolas).	*Idem.*			Commencement du XVIIIe siècle.	*Idem.*
Laudin (Valérie).	Emailleuse.			*Idem.*	*Idem.*
Laurent.	Emailleur.				*Idem.*
Le Blanc (J.).	*Idem.*			1718.	Paris.
Léonard.	*Idem.*			1610.	Limoges.
Léonard Limousin.	*Idem.*			1532-1560.	*Idem.*
Maillé.	Bijoutier émailleur.			1754.	Paris.
Marco Giorgio.	P. de majolica.			1487-1527.	Gubio.
Marrel.	Orfévre émailleur.			Contemporain.	Paris.
Martin (Isaac).	Emailleur.				Limoges.
Mersier (Etienne).	*Idem.*			Henri IV.	*Idem.*
Meyer-Heim.	P. sur émail.			Contemporain.	Paris.
Morlière.	Orfévre émailleur.			XVIIe siècle.	Blois.
Mortelèque (Ferdin.-Henri).	P. sur lave émaillée (*inventeur du procédé*).	1775			Paris.
Nouailhier.	Emailleur.			XVIIIe siècle.	Limoges.
— (Bernard).	*Idem.*			*Idem.*	*Idem.*
— (J.-B.).	*Idem.*			Fin du XVIIe siècle.	*Idem.*

NOMS.	QUALITÉ.	NAISS.	MORT.	ÉPOQUE	LIEU OU ILS ONT VÉCU.
Nouailhier (Joseph).	Emailleur.			Fin du XVIIe siècle.	Limoges.
— (Pierre).	*Idem.*			1686-1717.	*Idem.*
Pape (N., ou M., ou M. D.).	*Idem.*			XVIe siècle.	*Idem.*
Pasquier (Pierre).	P. de portr.			1769-1792.	Paris.
Peiguillon.	Emailleur.				Limoges.
Pénicault (N.)	*Idem.*			Fin du XVIe siècle.	*Idem.*
Petitot (Jean).	P. de portr.	1607	1691		France, Anglet., Genève.
Poillevet.	Emailleur.			1694.	Limoges.
Pollaiuolo (Antonio).	Orfévre émailleur.			1460-1498.	Florence.
Poncet (H.).	Emailleur.			XVIIe siècle.	Limoges.
Quincauld.	Orfévre émailleur.			XVe siècle.	Arras.
Raphaël Ciarla.	P. de majolica.			XVIe siècle.	Pesaro.
Raphaël della Colle.	*Idem.*			*Idem.*	*Idem.*
Raymond, ou Rexmon, ou Rexmann (Pierre).	Emailleur.			1538-1578.	Limoges.
Robbia (Agostino della).	Sculpteur émailleur.		1465		Pérouse.
— (André della).	*Idem.*	1444	1528		Florence.
— (Jérôme della).	*Idem.*	1485	1553?		Florence et France.
— (Luca della).	*Idem.*		1450		Florence.
— (Luca della).	*Idem.*		1553?		*Idem.*
— (Ottaviano della).	*Idem.*			1re moitié du XVe siècle.	*Idem.*
Rouquet.	P. de portr.			1755.	Paris.

NOMS.	QUALITÉ.	NAISS.	MORT.	ÉPOQUE.	LIEU OU ILS ONT VÉCU.
Roux (maître).	P. sur émail.	1496	1541		Fontainebleau.
Santi Buglioni.	Sculpteur émailleur.		1565		Florence.
Soiron (François).	P. de portr.	1755	1813		Paris.
Souhaitrond.	P. de portr.			XVIIIe siècle.	Paris?
Sturm (Pierre-Henri).	Émailleur.	1785			Paris.
Terroux (Mlle).	P. de portr.			1786.	Genève.
Touron.	Hist. et portr.			*Idem.*	Genève et Paris.
Toutin (Jean).	Orfèvre émailleur.			XVIIe siècle.	Blois.
— (Henri).	*Idem.*			*Idem.*	*Idem.*
Vauquer (Robert).	*Idem.*			*Idem.*	*Idem.*
Veri (Ugolino).	*Idem.*			1338.	Sienne.
Volvinius (V.).	*Idem.*			835.	Milan.
Wagner.	*Idem.*			Contemporain.	Paris.
Weiller.	P. de portr.	1747	1791		*Idem.*
Willelmus.	Émailleur.			Xe siècle.	France.
Zuccaro (Taddeo).	P. de majolica.			XVIe siècle.	Pesaro.

NOTICE

SUR LA

MANUFACTURE ROYALE DE PORCELAINE

DE SÈVRES (1).

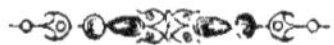

La porcelaine a été fabriquée en Chine et au Japon dès l'antiquité la plus reculée. Elle ne commença à être connue des Européens que lorsque les Portugais eurent découvert les Indes ; ils l'importèrent alors en Europe avec d'autres produits de l'industrie orientale. Le nom de porcelaine vient de leur mot *porçolana* (vaisselle de terre). Cette précieuse poterie fut bientôt universellement recherchée, surtout à cause de cette propriété qu'elle a de supporter une très-haute température sans se briser.

(1) C'est d'après les renseignements que M. Riocreux m'a donnés que j'ai rédigé cette histoire.

Pendant longtemps les Européens se contentèrent d'aller acheter en Chine la porcelaine; mais dès 1695, il y eut à Saint-Cloud une manufacture où l'on fabriquait une imitation de la porcelaine chinoise, qui, de fait, n'était qu'un verre dur et translucide, composé de nitre, sel, alun, soude, gypse et sable, mais susceptible de fondre au feu. Cette imitation est connue sous le nom de *porcelaine tendre*, *frittée ou vitreuse*. Bientôt de nouvelles fabriques s'élevèrent à Chantilly (1735), Orléans, Villeroy (1), et plus tard, à Sèvres, Tournay et Arras (1785).

En 1718, Piganiol parle des produits de la manufacture de Saint-Cloud comme étant remarquables.

Félibien cite, dans son *Histoire du diocèse de Paris* (t. 7, p. 57), « la manufacture de « porcelaines fines et faïences qui fut établie à

(1) Cette manufacture fut fondée par un duc de Villeroy : ses produits sont signés D. V.

« Saint-Cloud, sur la fin du dernier siècle, par « le sieur Chicoyneau (1), d'autant que ces por- « celaines sont presque aussi belles que celles « de la Chine. Madame la dauphine vint visiter « cette manufacture le 3 septembre 1700. Les « sieurs Chicoyneau ont fait renouveler de « temps en temps la continuation de leur pri- « vilége. »

Cependant, comme nous l'avons dit, on ne faisait pas encore à Saint-Cloud de véritable porcelaine. Pendant ce temps, vers 1702, un chimiste saxon, Bœttcher, essayait de doter sa patrie de cette importante industrie. Il était enfermé dans la forteresse de Kœnigstein, par ordre de l'électeur de Saxe Auguste II : ce prince, connaissant ses talents en chimie, lui ordonna de chercher les moyens de faire de l'or ; Bœttcher trouva le moyen de faire des grès fins, et on les regarda comme analogues à la porcelaine chinoise. En 1710, on

(1) Et non pas Chicaneau.

établit une manufacture à Meissen, et Auguste II anoblit Bœttcher. Cependant, en 1710, un autre chimiste allemand, Tschirnhausen, découvrit la composition de la véritable porcelaine, et fondait la manufacture de Vienne.

L'Allemagne est riche en gisements de kaolin, et c'est avec cette argile que l'on fabrique la porcelaine. Après la découverte des gisements de kaolin qu'elle renferme, l'Allemagne vit s'élever les manufactures de Hœchst-sur-le-Mein, Frankenthal, Furstemberg, Copenhague, Nymphenbourg, Louisbourg, Berlin.

Mais revenons en France, et examinons ce qui s'y passait. On créa en 1738, au château de Vincennes, une manufacture de porcelaine, par les soins du marquis de Fulvy, intendant des finances, qui consacra toute sa fortune à ce bel établissement. Aidé des frères Dubois, ouvriers de la manufacture de Chantilly, il parvint à fabriquer de belle porcelaine tendre, imitant parfaitement celle du Japon. Des fermiers généraux devinrent ses associés en 1745; ils firent bâtir l'édifice qu'on voit aujourd'hui à Sèvres, et y transportèrent l'établissement de Vincennes. En 1753, à la mort de Fulvy, les fermiers généraux demeurèrent propriétaires de la manufacture de Sèvres, à laquelle Louis XV donna le titre de royale. Enfin, en 1759, Louis XV acquit cette manufacture, qui depuis a toujours fait partie du domaine de la couronne. Boileau, qui en était directeur depuis l'origine, fut continué dans ses fonctions. On ne fabriquait cependant à Sèvres que de la porcelaine tendre, et l'on cherchait sans relâche le secret de la porcelaine dure, lorsqu'un Strasbourgeois, appelé Hanong, le donna à Sèvres : alors on fit venir du kaolin de Passau, et on produisit de la vraie porcelaine. Cependant il était difficile d'obtenir la matière première, et les essais de la manufacture de Sèvres restèrent infructueux. Mais, en 1765, on trouva à Saint-Yrieix, près de Limoges, une argile que l'on envoya à un habile chimiste nommé Macquer, attaché, à Sèvres, au laboratoire des essais. Ce savant homme eut bientôt reconnu que c'était le kaolin ; et dès que la France fut en possession de cette précieuse matière, la manufacture de Sèvres prit une activité nouvelle. Dès 1770, elle produisit une foule de services de table et d'ustensiles de toute espèce, d'un grand luxe surtout ; car alors les manufactures royales étaient destinées exclusivement à l'ameublement et à l'ornement des maisons princières et des grands seigneurs.

De nombreux artistes furent réunis dans l'établissement royal. Parmi ceux qui s'y distinguèrent sous les règnes de Louis XV et de Louis XVI, nous citerons, comme *peintres de fleurs* : Bouillat, Parpette, Micaud, Pithou jeune.

Peintres d'oiseaux : Armand, Castel.

Peintres d'arabesques : Chulot, Laroche.

Peintres de paysages : Rosset, Evans.

Peintres de figures : Dodin, Caton, Asselin, Pithou aîné.

Doreurs : Vincent, Girard, Leguay.

Le chef de ces nombreux artistes était Genest.

Pendant cette période, la direction artistique des travaux fut confiée à Falconnet et à Bachelier, dès 1745, et successivement à Boizot (qui remplaça Falconnet, parti pour la Russie), Lagrenée (M.-J.-J.), et Corneille Van Spaendonck.

La porcelaine de Sèvres de cette époque (ou ancien Sèvres) est aujourd'hui fort recherchée des curieux et des amateurs. Elle est, en effet, fort belle, très-riche, et a des formes gracieuses mais souvent affectées. Le style des vases, des statuettes et du dessin de tous les ornements est analogue au style des Boucher, des Natoire, des Restout, en un mot, de tous les peintres de l'époque de Louis XV, fidèles représentants des mœurs efféminées du temps. La révolution de 1789 arriva, et devant elle disparurent les fabriques d'objets de luxe.

En 1800, le gouvernement réorganisa la manufacture de Sèvres, qui avait suspendu ses grands travaux, et ne s'occupait plus que d'industrie. On mit à sa tête un habile chimiste, M. Brongniart, qui lui donna une impulsion convenable, et qui la dirige encore aujourd'hui. Ce savant comprit qu'une manufacture nationale, pour être à la tête de l'industrie, devait faire tous les essais, toutes les expériences qui peuvent agrandir le domaine de l'industrie, répandre les découvertes, et conserver les bonnes méthodes et les traditions.

A cette époque, David avait fait une révolution dans les arts : un style sévère avait remplacé l'afféterie des écoles précédentes. L'école de peinture sur porcelaine suivit le mouvement général qui emportait les arts, et adopta les caractères et le faire de l'école de David. Isabey, Sweback, Parent, Fragonard, Demarne et Drolling, appelés par M. Brongniart pour diriger les artistes de la manufacture, portèrent, dans les beaux travaux qu'ils firent à Sèvres sous l'Empire, l'art du peintre sur porcelaine à un degré éminent. Mais, vers la fin du règne de Napoléon, et pendant la restauration, l'école de David exagéra les principes du maître : du style sévère et philosophique de David, on passa à un style froid, roide et monotone. Sèvres se ressentit de ces défauts ; le genre de décoration grecque, qu'adoptèrent trop exclusivement les artistes de la manufacture, fut assez généralement peu goûté. Dans ces dernières années, M. Chenavard, dont on déplore la perte récente, a rendu la vie à l'art de la décoration. Il avait adopté et propagé une espèce de style byzantino-gothique, et l'influence qu'il exerça sur l'application de l'art à la décoration des monuments et des meubles eut comme conséquence la ruine de l'école d'ornementation de l'Empire, et une réaction en faveur du style de la renaissance. De notre temps M. Triqueti a donné de nombreux dessins et modèles à la manufacture.

Nous citerons parmi les artistes qui ont peint à Sèvres, depuis la restauration jusqu'à nos jours, parmi les *peintres d'histoire :* Leguay, élève de l'ancien établissement, et chef de l'école de peinture sur porcelaine pendant la restauration (mort en 1840); c'est lui qui le premier fit de la grande peinture sur la porcelaine; Béranger, Constantin, Georget, Parent, mesdames Ducluzeau et Jacotot.

Peintres de paysages : J.-F. Robert, Langlacé, Lebel, Poupart.

Peintres de fleurs et de fruits : Drouet, Schilt, Van Os, Jacobber, Philippine.

Peintres de camées : Degault, Parent.

Peintre de coquillages : Philippine.

Peintre de genre : Develly.

Décorateurs : Huard, Barbin, Didier.

Doreurs : Boullemier frères.

Dessinateur d'ornements : Hyacinthe Régnier.

Dans une des salles de la manufacture, que l'on appelle du titre modeste de *magasin*, les principales œuvres des artistes que nous venons de nommer sont exposées. On y remarque le magnifique portrait de *Dihl*, par Drolling; l'*Entrée de Henri IV à Paris*, d'après Gérard; *la Fornarina*, et plusieurs copies des fresques du Vatican, d'après Raphaël, par Constantin; *la Maîtresse du Titien*, par Béranger; le paysage du Poussin représentant *Diogène brisant son écuelle*, par Langlacé ; la *Psyché* de Gérard, la *Jeanne d'Aragon* de Raphaël, l'*Atala* de Girodet, la *Vierge au voile* de Raphaël, et la *Sainte Cécile* de Raphaël, par madame Jacotot ; le *Service des potiers célèbres*, par Béranger ; un *Paysage* de Carl Dujardin, par Robert; des *Fleurs*, par Jacobber, d'après Van Spaendonck, etc.

TABLE DES CHAPITRES.

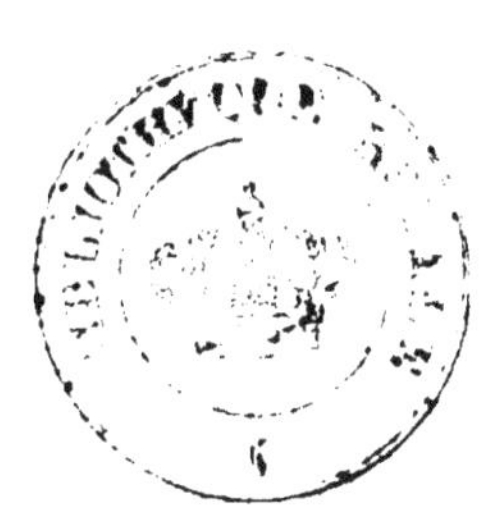

www.ingramcontent.com/pod-product-compliance
Ingram Content Group UK Ltd.
Pitfield, Milton Keynes, MK11 3LW, UK
UKHW020559180726
13838UKWH00001B/332

9 782329 394664